教養としてのギリシャ・ローマ

名門コロンビア大学で学んだ
リベラルアーツの真髄

中村聡一

東洋経済新報社

教養としてのギリシャ・ローマ　目次

序章 なぜ米国の一流大学はリベラルアーツを重視するのか

第1章 黎明期のギリシャ〜リベラルアーツの土壌はこうして生まれた

第2章 ヘロドトス『歴史』で知るヨーロッパの原点

第3章 トゥキュディデス『戦史』が描く衆愚のギリシャ

第4章

プラトン『国家』が掲げる理想主義

第5章 アリストテレス『ニコマコス倫理学』が掲げる実践主義

第6章 アリストテレス『政治学』が描く現実的国家論

第7章 ローマの繁栄から中世キリスト教支配の時代

序章

なぜ米国の一流大学は
リベラルアーツを
重視するのか

リベラルアーツを習得しなければ〝メジャー〟に進めない

まず全体像を描き、それに応じて細部を詰め、その整合性をもって「理」とする。私がアメリカのコロンビア大学で学んでいたころ、学内にはこういう思考スタイルがごく自然に浸透していました。だからふだんのコミュニケーションにおいても、「理にかなわない」（"It doesn't make sense!"）と感じることに対しては、いくらゴリ押ししても首肯しない。一方で納得しさえすれば、ものごとはわりとスムーズに運ぶ。そんな、ある意味でわかりやすい合理性を誰もが持ち合わせていたのです。

それは欧米の人々がもともと身につけているものなのか、あるいは受けてきた教育によるものなのかはわかりません。いずれにせよ、大学のシステムもこの文化的土壌の上に成り立ち、発展してきたのでしょう。私の知るかぎり、まず大学全体のあり方が明確に定義され、個別の大学が独自の方針を打ち出し、それに基づいてカリキュラムが細部にわたって設計され、さらに各講義のシラバスの内容まで緻密に計算されている。そんな絶妙なバランスを保って運営されているのです。

特に日本と大きく違うのは、カリキュラムです。アメリカの多くの大学は、日本のように入学時から専門学部に分かれているわけではありません。3年生に進級する要件（単位数やGP

A）が満たされた時点で、初めて専攻希望の学問領域（メジャー）を申請することになっています。その範囲は大学によって異なりますが、専門学部制を敷く日本の大学よりはるかに広いはずです。

それを象徴するように、理系・文系という区分けも日本ほど明確ではありません。物理学を専攻しながら文学や音楽を学ぶケースもあるし、経済学を専攻しながら数学を補助専攻することも可能。よりやる気のある学生なら、異なる領域の学問を同時に専攻することもできます。

ただし、ほとんどの講義には履修条件があります。それぞれにプレ・リクイジット（先行履修科目：Pre-requisite）が設定されており、それらを事前にクリアしなければ履修できないのです。

そのルールは、〝見える化〟もされています。学部1年生向けの講義の授業コードはたとえば「1xxx」、2年生向けは「2xxx」と記され、以降3、4年生向けの専攻科目は「3xxx」「4xxx」などと表記される。さらに大学院授業になると、「6xxx」や「8xxx」となります。その上で、たとえば「1xxx」を受けていなければ「2xxx」を受けられないし、「2xxx」を受けていなければ「3xxx」の受講資格を得られない、といったルールが提示されるのです。きわめて明確なピラミッド構造のカリキュラムになっているわけです。

これにより、受講生は自分の修得している知識の水準がわかります。また教えるサイドにとっても、学生の水準を知る術となります。予備知識の足りない学生が専門水準の高い授業に紛れ込むことがないよう工夫されているのです。もちろん、各授業のシラバスもこの制度を前提にして作成されています。結果として、授業の質は一定水準を維持しやすくなっているわけです。

そして、このピラミッド型のカリキュラムの土台を形成しているのが、「リベラルアーツ教育」です。先の例で言えば「1xxx」や「2xxx」の授業がこれにあたります。リベラルアーツを身につけないかぎり、学生たちはメジャーに進めないのです。

ヨーロッパの「暗黒時代」を救った「ヘレニズム」

なぜ最高学府である大学教育において、リベラルアーツはそこまで重視されるのか。

その要因の1つは、欧米の大学の起源にあります。12世紀の十字軍遠征の時代、拠点だったイタリアには、戦利品としてアラビア地域から古代ギリシャ学問の文献が大量に持ち込まれました。その翻訳作業を担うために発足した知識階層の組合が、今日の大学の前身と言われています。こういう組合は、やがてヨーロッパ各地で設立されるようになりました。

古代ギリシャ学問の領域は、自然学、天文学、修辞学、論理学、数学、幾何学、哲学、建築や造船、芸術の分野など多岐にわたります。「ヘレニズム」と呼ばれるこれらがリベラルアーツの起源であり、その古典学問を再発見することで起こった一大ムーブメントが、いわゆる「ルネサンス（文芸復興）」です。

それまでのヨーロッパは、「暗黒時代」と呼ばれるほど破壊と掠奪が数世紀にわたって繰り返され、荒廃しきっていました。そこからの復活をかけ、キリスト教の神学哲学にプラトンやアリストテレスをはじめとするヘレニズムの思想を取り入れたことがルネサンスの意義なのです。

その旗振り役が大学であり、結果としてヨーロッパは暗黒時代を脱し、現在のグローバル世界の中核に位置する価値体系が誕生しました。つまりリベラルアーツこそ欧米の大学の出発点であり、復興の救世主だったわけです。

その後、大航海時代の新大陸発見により、世界は地中海中心から大西洋・太平洋の二大洋の時代となり、やがてアメリカが世界のリーダーとして躍り出ます。そのアメリカで開発された教育プログラムが「リベラルアーツ」でした。ヨーロッパ社会が「ヘレニズム」の再発見で暗黒時代を乗り越え、現在の繁栄を築いたように、個々の学生にも知の強さを身につけさせることが狙いです。

特にエリート大学群において、リベラルアーツは学部教育の根幹として位置づけられています。特定の学問領域を専攻する前提として、すべての学部生が習得すべき"Core（本質）"とされているのです。

日本における古典や歴史教育といえば、今でも暗記モノという印象が強いかもしれません。しかし、アメリカにおけるリベラルアーツ教育の趣旨は、ギリシャ語やラテン語で記された古典書の原文を読解したり、まして一字一句を暗記したりすることではありません。そういう色合いが強かった時代もありますが、それは今から100年以上も昔の話です。

リベラルアーツを学ぶ意味①——「先人の思考」を知る

では現代に生きる私たちは、なぜリベラルアーツを学ぶ必要があるのか。遠く紀元前に書かれた古典書を繙《ひもと》く意味はどこにあるのか。

その答えは、大きく5つの「知る」に集約できると思います。第1は、先人たちの思考を知ること、そしてそこに自分の思考を重ね合わせることです。

文明の出発点は、古典学問にあります。しかし時々の人々は、単にそれを享受するのではなく、膨大な時間を費やしてサイエンスの〝ふるい〟にかけ、発展させることで今日の文明を築いてきました。

そのプロセスを振り返ることは、私たちの祖先の思考を追体験することでもあります。それぞれの時代に生きた人々が、どんな問題意識を持ち、どういう考えをめぐらせたのか。その蓄積は、今日に生きる私たち自身の問題意識や思考の支柱にもなるはずです。

たとえば太古の人々は、夜空を見て何を思ったのか。漆黒の夜の闇の中にきらめく無数の〝光の点〟は、彼らの目にどう映ったのか。「星」という概念はいつ、誰がどのように思いついたのか。どのようにして夜空の星座を海路の道標としたのか。そして、どのような発想の飛躍によって、地球が太陽の周囲を回る惑星の1つなどと思い至ったのか。これらすべての思考の積み重ねの末に、今日の私たちはついに宇宙へ飛び立つことにまで成功しているのです。

天文学に限った話ではありません。私たちの周辺には、文明のもたらした恩恵が無数にあります。意識しなければ気づけないでしょうが、そのすべては長い年月と労力を経て積み上げられてきた成果物です。そういう視点で周辺をあらためて見回してみると、さまざまなものごとに関心を持てるようになるのではないでしょうか。あるいは、それまでとは異なったアプローチで発想できるようにもなるはずです。リベラルアーツ教育の真の目的は、こうした知的精神活動の土台を築くことにあるのです。

リベラルアーツを学ぶ意味②――「学ぶ」ことの価値を知る

2つ目は、そもそも「学ぶ」とは何かを知るということです。

哲学者プラトンは、ソクラテスの口を借りて以下のように述べています。

「そもそも教育というものは、ある人々が世に宣言しながら主張しているような、そんなものではないということだ。彼らの主張によれば、魂のなかに知識がないから、自分たちが知識をなかに入れてやるのだ、ということらしい」

「ところがしかし、いまのわれわれの議論が示すところによれば、（略）ひとりひとりがもっているような〔真理を知るための〕機能と各人がそれによって学び知るところの器官とは、はじめから魂のなかに存在しているのであって、ただそれを――あたかも目を暗闇から光明へ転向させるには、身体の全体といっしょに転向させるのでなければ不可能であったように――魂の全体といっしょに生成流転する世界から一転させて、実在および実在のうちに最も光り輝くものを観ることに堪えうるようになるまで、導いて行かなければならないのだ」

「教育とは、まさにその器官を転向させることがどうすれば一番やさしく、いちばん効果的に達成されるかを考える、向き変えの技術にほかならないということになろう」（プラトン『国家』より）

教育とは視力を与えることではなく、視界を変えさせること、というわけです。では、もっとも効果的な「向き変え」の技術とは何か。ヨーロッパやアメリカには、その答えを歴史に求める伝統があります。自らの「知」のみによって国家を建設し、幾多の困難を克服し、いつの間にか古代文明を追い越して世界の発展を牽引してきたという自負があるからです。

その歴史を学ぶとは、単に知識として頭に入れることではありません。大きく言えば、歴史を通じて世界観を構築すること。とりわけ若いうちにそういう視点を持てれば、いざ自分が社会の担い手となったとき、どういう方向に進むべきか、何が正しくて何が間違っているかを判断する上で根本的な指針になるはずです。

これがアメリカにおいて教育プログラムとして洗練され、「リベラルアーツ教育」に結実したわけです。本書で紹介できるのはその根幹部分だけですが、ヨーロッパの始まりから近現代までの歴史の流れを縦軸として、またソクラテスやプラトン、アリストテレスからマルクスやダーウィンに至る哲学・思想を横軸としています。骨太な世界観を体感できるのではないでしょうか。

なお、アメリカの大学がリベラルアーツ教育を導入し、洗練させていく経緯については、終章で紹介しています。

リベラルアーツを学ぶ意味③——「自由・自立の精神」を知る

3つ目は、人間にとってもっとも大事な「自由・自立の精神」について知るということです。今でこそ先進国がひしめくヨーロッパですが、その発祥とされるエーゲ文明（クレタ文明・

ミケーネ文明）が興ったのは、いわゆる世界四大文明よりずいぶん後の紀元前2000年ごろとされています。しかもそもその担い手は、クレタ島などの土着の人々ではなく、現在のレバノンやシリアあたりから植民してきた海洋民族フェニキア人だと言われています。彼らはゼロの状態から都市を作り、文明を築いたのです。

もちろん、彼らは闇雲に地中海へ漕ぎ出したわけではないでしょう。新天地を切り開くには、正しい大局観と緻密な計画性が欠かせません。建国意識を持ち、全体設計と細部を整合させながら試行錯誤を繰り返したはずです。

ただし、そこからギリシャ文明に至る経緯はけっして〝きれいごと〟だけではありません。むしろ民族間の戦争や内乱の繰り返しです。第1章で詳しく述べますが、その様子を神話混じりの物語として語り継いだのが当時の吟遊詩人たちで、その集大成的な作品がホメロスの『イーリアス』と『オデュッセイア』です。

また、こうした戦乱の日々を終わらせ、民族間の協調を図るために開催されたと言われているのが古代オリンピックです。第1回は紀元前776年で、以降4年に一度、ローマ帝国が東西に分裂する直前まで約1200年にわたって継続しました。オリンピック・パラリンピックは今日でも「平和の祭典」と形容されますが、当初からその性格を帯びていたわけです。

そのオリンピックを境にして、今度はギリシャ人が地中海の各所へ散らばって植民市を建設します。その意欲はきわめて旺盛で、後にプラトンは「地中海という池の中でカエルが生殖するよう」と表現したほどです。こうして、未開の地だった地中海世界が少しずつ開けていったわけです。

ヨーロッパの冒険の歴史と言えば、15世紀～17世紀あたりの大航海時代が有名でしょう。これを機に世界は文字どおりグローバルになり、また世界におけるヨーロッパの優位性は決定づけられました。しかしその2000年以上前、彼らの祖先が先駆者だったのです。

いずれにせよ、私たちが当時のフェニキア人やギリシャ人から学べることは少なくありません。自らの手で国家や文明を作り上げてきた彼らの思考体系や価値体系は、私たちには無縁に思われるかもしれません。しかし時代や環境は違っても、そのプロセスは有用な示唆に満ちています。

まずはその逞しい開拓者精神。より豊かで自由な暮らしを求めて未知の世界へ飛び出し、先々で誰にも頼らずに新たな都市を建設するほどの向上心は、特に若い人ほど身につけてほしいと思います。またその過程では、多くの失敗や悲劇もありました。同じ人間として共感できる部分でもありますが、それを教訓とすることも忘れてはならないでしょう。

リベラルアーツを学ぶ意味④——「哲学」と「倫理学」を知る

4つ目は、「哲学」「倫理学」とは何かを知るということです。いずれも一見すると掴みどころがありませんが、端的に言えば、「より良く生きるにはどうすればいいか」「どういう社会を築けば幸福になれるのか」と考える学問です。

その祖は、言うまでもなくギリシャのソクラテス、プラトン、アリストテレスの3人。その思想に触れる前に、なぜ彼らがそういうことを考えるに至ったか、知っておく必要があります。こちらも端的に言えば、当時のギリシャがより良く生きられない環境であり、幸福になれない社会だったからなのです。

具体的には、2つの大きな戦争を経験しました。1つは紀元前5世紀に数十年にわたって繰り広げられた「ペルシア戦争」。発展著しい開発途上国として地中海の西側に勢力を増長しつつあったギリシャ勢力が、アジアの強大な先進国だったペルシア帝国から侵略を受け、一致団結して対峙することになったのです。

結果的に、ギリシャ側は多大な犠牲を払いながらもペルシア帝国を撃退します。上り坂のギリシャを象徴する出来事と言えるでしょう。その顚末を綴ったのが、歴史家ヘロドトスの著書『歴史』です。本書では、第2章で詳しく紹介します。

ところがその直後、ともにギリシャの盟主を自認する都市アテナイとスパルタがギリシャ全体の覇権をめぐって対立し、泥沼の内戦に発展します。これが2つ目の「ペロポネソス戦争」です。

この戦争は激しい消耗戦で、最終的にはアテナイが滅んでスパルタが勝利しますが、その後のギリシャは疲弊して迷走します。その一部始終を描いたのが、歴史家トゥキュディデスの著作『戦史』です。同書については第3章で述べます。

この2つの戦争には、共通するテーマがあります。それが「民主制」という政治形態です。アテナイは民主制を確立した都市国家であり、「ペルシア戦争」は市民による自立心や公共心が勝利を呼び込んだとも言えます。ところがペロポネソス戦争が始まると、リーダーの交代もあって民主制は衆愚に陥っていくのです。

現代でも言えることですが、民主制だから優れているとは限りません。卓越したリーダーシップが存在してこそ価値を持つ。今から2500年前の戦争の悲劇は、そのことを私たちに訴えかけてきます。

その問題意識を受け継いだのが、ソクラテス、プラトン、アリストテレスでした。ソクラテスは1冊の著作も残しませんでしたが、弟子のプラトンが著作の中でソクラテスを主人公として登場させ、その思想を語らせています。

彼らの主張には、真っ向から対立している部分もあります。しかし「個人」と「国家」の関係や、それぞれの幸福について論考したことは共通しています。没落しつつあった社会に生きたからこそ、個人の考え方や行動規範、あるいは国家体制のあり方などを通じて、再興への道を模索し続けたわけです。それが後に、「哲学」や「倫理学」と呼ばれるようになりました。

彼らの著作については、第4章~第6章で詳しく紹介します。西洋文明において誕生・発展した近代政治哲学の端緒が、彼らにあることに気づくと思います。およそ2500年前の時点で、きわめて今日的な課題に直面し、深く考察していたことにきっと驚くことでしょう。

もう1つ、彼らに共通する主張は、正しい教育の大切さです。ソクラテスとプラトンについては先に述べましたが、アリストテレスの「魂の教育」とも呼ぶべき「倫理学」は日々の「習慣づけ」が大事と説いています。その教養は後世のキリスト教に取り入れられ、西洋社会の「立派」「尊厳」を構成する必須の要素として受け継がれました。それが中世ヨーロッパの騎士道や近代イギリスのジェントルマンシップにつながっています。

とりわけリーダーを育てる高等教育において、彼らの思想がどのような道筋を経て現代に継承されているかを知ることは欠かせません。

リベラルアーツを学ぶ意味⑤――「ルネサンス」の意義を知る

そして5つ目は、「ルネサンス」以降の知の系譜を知るということです。

「リベラルアーツ」と「ルネサンス」には、深い関係があります。「ヘレニズム」を学び直すことが「ルネサンス」の意味であり、それを現代において、その後の文献も含めてふたたび学び直すのが「リベラルアーツ」だからです。

そもそもヘレニズムは、アリストテレスが家庭教師を務めたマケドニアのアレクサンドロス大王の東方大遠征によって完成しました。その最大版図は、ギリシャをはじめペルシア帝国、インドとの国境付近、そしてエジプトにまで及びます。これによってギリシャの叡智とオリエントの文明が結びつき、「ギリシャ風の文化」という意味のヘレニズムが生まれたのです。それは同時に、地中海世界全域に君臨する〝グローバル〟な思想価値体系が生まれたことも意味します。

やがてヘレニズムは、次の地中海世界の覇者となったローマ帝国に受け継がれます。ところが、キリスト教の国教化とともに隅に追いやられる存在となり、さらに蛮族と言われたゲルマン民族による侵略と収奪によって帝国自体が弱体化し、西ヨーロッパは破壊と混乱の時代を迎えます。それとともに、文明の証とも言えたヘレニズムの文物も霧散しました。

ただし、地球上から消えたわけではありません。イスラム圏となっていたアジアの地に引き継がれ、かの地に繁栄をもたらしていたのです。それが前述のとおり、十字軍の遠征を機にヨーロッパへ里帰りし、ルネサンスの起点になったわけです。

ほぼ同時期、ヨーロッパは歴史的に大変革の時代を相次いで迎えます。1つは大航海時代の幕開け。アフリカやアジア、南北アメリカ大陸へ漕ぎ出すことにより、世界中の富を収奪するシステムを確立します。

もう1つは宗教改革。中世ヨーロッパ社会を支えたのは、キリスト教ローマカソリック教会です。絶対的な権威と財力を背景に、封建社会の俗世の領主を凌ぐ政治力を持っていました。

ルネサンスを主導したのも、彼らです。

ところが、マルティン・ルターをはじめとするプロテスタント勢力が台頭し、教会内部が分裂して宗教戦争に発展します。ヨーロッパ各地で、1世紀以上にわたって陰惨な戦いが繰り広げられました。

これらの3つの大変革により、ヨーロッパ社会は中世を脱して近世に入ったと言われています。それとともに、科学や学問が芽吹いていきました。18世紀後半にはイギリスで産業革命が始まり、啓蒙思想が流行します。これが後のフランス革命やアメリカ独立宣言の思想的支柱になりました。

それは人間の理性や知性を重んじる考え方で、当時としてはきわめて先進的でしたが、実は古代ギリシャの三賢人の教えに回帰したものでもありました。時代はようやく彼らに追いついたと言えるかもしれません。

これより先、それぞれの時代を象徴する学者や政治家により、社会を分析したり、もしくは社会に影響を与えたりした著作が数多く残されました。それぞれの見地から書かれたものですが、そこにはやはり三賢人を源流とする知の系譜が感じられます。本書では第8章において、とりわけ代表的な著作を取り上げて紹介しつつ、ルネサンス後から近代に至る歴史を追ってみたいと思います。

リベラルアーツ教育は人間修養のためのトレーニング

ここまで述べてきたように、人類は長い年月をかけてさまざまな知恵と知識、そして技術を獲得してきました。リベラルアーツとは、こうした人知の結晶の仕組みを学ぶことです。

最近は日本でも、リベラルアーツ教育の必要性がよく説かれるようになりました。しかし多くの方にとっては、まだ具体的に何を意味するのか今ひとつ摑めていないかもしれません。実際、広義にはさまざまな解釈が可能で、学問・思想領域も特に際限はありません。たとえば一般教養として、西洋の美術史や思想史、音楽史などを学ぶこともリベラルアーツの一種と言えるでしょう。

しかし本書は、あくまでもコロンビア大学のコア・カリキュラムに則ったリベラルアーツをご紹介します。これは100年以上にわたって進化を重ね、今日では世界に冠たるアメリカ型リベラルアーツ教育として定着したものです。今後も進化は続くでしょうが、現段階では他の国や他の大学より突出して優れていると評価されています。

ジャンルとしては「哲学」「宗教」「芸術」「サイエンス」の4分野がありますが、教えるのはその専門技術ではなく、歴史も含めた成り立ちや思想です。それだけのことを教えられる教員が質量ともに揃っている大学は、世界にそう多くはありません。それがコロンビア大学の優位性であり、言い換えるならリベラルアーツの真髄を知る人は世界でもごく少数に限られるのです。

それらの授業で展開されているのは、一般教養というより人間修養のためのトレーニングです。たとえばスポーツにしても、趣味として楽しむだけならともかく、一流のプレーヤーを目指すなら厳しいトレーニングは欠かせません。人間そのものも同様で、トレーニングなくして一流にはなれません。

したがって、授業は何か特定の「知識」を得るためのものとは位置づけていません。まして、「実生活で役立つノウハウ」を教える意図もありません。即物的な交換価値ではなく、ワンランク上の人間になるための試練であり修行なのです。

すべての学生は、専攻とは関係なく、最初の2年間で2千数百年前分の膨大な古典書を読むわけです。それも注釈書ではなく翻訳原書なので、まさに修行のような苦難の道です。コロンビア大学のシラバスでは、その意味を以下のように述べています。

"Although most of our Lit Hum works (and the cultures they represent) are remote from us, we nonetheless learn something about ourselves in struggling to appreciate and understand them."

つまり、それらの書は現代のわれわれからすればはるかかなた昔のことであるのは重々知った上で、あえてそれらの書を苦労して読むことで、私たちの祖先がどのような時代にどのように生き、そして何を考え、何を忌み嫌い、何を尊んだかを考えるようになる。そのプロセスが大切だと説いているのです。

11のコア・クエスチョン

コロンビア大学の授業では、ホメロスの『叙事詩』、ヘロドトスの『歴史』、トゥキュディデスの『戦史』に綴られた古代ギリシャの歴史から出発します。それからプラトンとアリストテレスの哲学をはじめ、古代ギリシャで開花した文明・文化、それがオリエント文明と結びついて生まれた「ヘレニズム」について学びます。その上で、後のローマ帝国やユダヤ教（ヘブライ聖書）から生まれたローマカソリック（新約聖書）の時代、アジアに誕生したイスラム教（コーラン）、中世のルネサンスの時代、宗教革命の時代、科学の誕生、近代政治哲学や革命思想の台頭、と時代ごとの著作を読み進んでいきます。

しかし本書では、とてもその全体像をカバーすることはできません。そこで4分野のうちの「哲学」に絞ることにします。それでもまだ膨大なので、とりわけ代表的な著作だけを紹介します。まず前半で古代ギリシャの黎明期から「ヘレニズム」の誕生までを追い、後半ではそれがローマ帝国の時代から19世紀まで、人類の歴史にいかに影響を及ぼしたかを探ります。いずれもリベラルアーツの一部ですが、エッセンスは十分に学べるはずです。

ちなみにコロンビア大学のリベラルアーツの教員は、学生に対して以下の11の"Core Questions"を投げかけるのが常です。

- How do the power and agency of human beings differ?
（はたして階級や格差とは何か、なぜ存在するのか）
- Why are some people (e.g., women, servants) denied agency?
（自由民とは何か、非自由民とは何か［例：女性や使用人、奴隷］）
- How do the interests of the individual conflict with those of the family or community?
（家政術や公共の政治とは何か。共同体の種類で特質は変わるのか）
- What role does story-telling and word manipulation play in life?
（逸話や修辞が持つパワーとは何か。歴史においてどのように作用したのか）
- Do stories get at the truth?
（真実を見抜くことはできるのか。「認識」や「勘考」とは何か）
- Is there a natural way of being human or is human nature constructed?
（「人間」であることは先天的なのか、あるいは後天的に作り上げられるべきものなのか）

百年が経過しています。つまり日本人が驚いた西洋文明とは、高度に進化したヘレニズムだったわけです。

二度目の大きな転機は、言うまでもなく19世紀後半の明治維新からの「文明開化」です。一度目の転機は、その後の徳川幕府による鎖国政策によって大きく後退しましたが、明治以降はおそらく日本史上でもっとも大きな文明の変化が生じました。政治・経済の仕組みのみならず、社会や文化などあらゆる分野で「西洋風」として積極果敢に取り入れた文明は、すべて元をたどればヘレニズムだったのです。

ソクラテスと松下幸之助の共通点

ではなぜ、時代的にも地理的にもはるか遠いヘレニズムが、近世・近代の日本であっさり受け入れられたのか。それは、正義や美徳、幸福、愛といった人間にとって普遍的な価値観を前提として思想を練り上げているからだと思います。

実際、ヘレニズムについて学んだかどうかは別として、日本人の中にもソクラテスやプラトン、アリストテレスの哲学に負けず劣らず立派な思想を持ち、実践した人物は少なからずいます。その典型が、松下電器（現パナソニック）の創業者である松下幸之助でしょう。

「経営の神様」の異名を持つかの大経営者は、間違いなく20世紀の日本の経済発展を支えた人物の1人です。しかし、それだけではありません。巨万の富を築きながらも驕ることなく、誰からも愛されました。人物も思想も、世界に冠たるものだと思います。

その経営哲学は今日もなお色褪せていませんが、実はそこに、ソクラテスやプラトン、アリストテレスと通じるものがあります。私が見るかぎり、ほとんど同根です。

たとえば松下は、企業には仕入先や得意先、株主や銀行、地域社会など複数の関係先があるとした上で、以下のように述べています。

「そうした関係先の犠牲においてみずからの発展をはかるようなことは許されないことであり、それは結局、自分をも損なうことになる。やはり、すべての関係先との共存共栄を考えていくことが大切であり、それが企業自体を長きにわたって発展させる唯一の道であるといってもいい」

あるいは、社会における自身のあり方についても言及しています。

「単に自分の店を大きくしよう、自分だけ儲けようというような考え方、それだけでは私はどこかに弱さがあるように思う。もちろん、そういうことも、そのうちには入っているけれども、目のつけどころは、より高いものに、社会とともに発展するのだ、あるいは世

主な参考文献

神社、古代史関係

岡田精司『新編　神社の古代史』（學生社　二〇一一年）
谷川健一 編『日本の神々――神社と聖地』全十三巻（白水社　一九八四年～）
式内社研究会 編『式内社調査報告』（皇學館大学出版部　一九七六年～）
折口信夫「霊魂の話」（中公文庫『折口信夫全集　第三巻』などに所収）
西郷信綱『古事記注釈』（平凡社　一九七五年～　ちくま学芸文庫で復刻）
三浦佑之『出雲神話論』（講談社　二〇一九年）
菅田正昭『日本の神社を知る「事典」』（日本文芸社　一九八九年）
千家和比古、松本岩雄編『出雲大社――日本の神祭りの源流』（柊風舎　二〇一三年）
岡本雅享『千家尊福と出雲信仰』（ちくま新書　二〇一九年）
梅原猛『葬られた王朝――古代出雲の謎を解く』（新潮社　二〇一〇年）
戸矢学『オオクニヌシ　出雲に封じられた神』（河出書房新社　二〇一七年）
高橋克彦『東北・蝦夷の魂』（現代書館　二〇一三年）
亀井千歩子『奴奈川姫とヒスイの古代史――高志路物語』（国書刊行会　一九七七年）
岡本太郎『日本再発見――芸術風土記』（新潮社　一九五八年）
アレクサンドル・ワノフスキー『火山と太陽――古事記神話の新解釈』（元々社　一九五五年／桃山堂『火山と日本の神話――亡命ロシア人ワノフスキーの古事記論』で二〇一六年復刻）

益田勝実『火山列島の思想』（筑摩書房　一九六八年／講談社学術文庫で二〇一五年復刻）
宮地直一『諏訪史』二巻前編（信濃教育会諏訪部会　一九三一年）※ネット公開
藤森栄一『古道』（學生社　一九六六年／講談社学術文庫で一九九九年復刻）
中沢新一『精霊の王』（講談社　二〇〇三年）
リチャード・F・タウンゼント『図説アステカ文明』（創元社　二〇〇四年）
林田憲明『火山島の神話——「三宅記」現代語訳とその意味するもの』（未知谷　二〇一四年）
ラフカディオ・ハーン「生神様」「杵築——日本最古の神社」（講談社学術文庫『日本の心』『神々の国の首都』などに所収）
本居宣長『玉勝間』『古事記伝』（岩波文庫）

古代の文献

「古事記」「日本書紀」「出雲国風土記」「万葉集」「延喜式」「先代旧事本紀」「古語拾遺」「扶桑略記」「魏志倭人伝」（「三国志」所収）

考古学、地質学、地理学そのほか

佐藤宏之『旧石器時代——日本文化のはじまり』（敬文舎　二〇一九年）
稲田孝司『遊動する旧石器人』（岩波書店　二〇〇一年）
松藤和人、成瀬敏郎『旧石器が語る「砂原遺跡」——遥かなる人類の足跡をもとめて』（ハーベスト出版　二〇一四年）
古代歴史文化協議会 編『玉——古代を彩る至宝』（ハーベスト出版　二〇一八年）

の中のためになるのだ、という考え方をもつことである。そして自分は社会を発展させる1人の選手である、というように私の事業観も人生観も変わっていったのである。

こう考えるようになってから後は、これまで苦労と思えたことも、少しも苦労でなくなってしまったわけである。かえって苦労と考えられたものが、働く喜びに変わってきた」

（いずれも『松下幸之助　成功の金言365』ＰＨＰ研究所編）


ソクラテスやプラトン、アリストテレスの中核思想とは、端的に表現すればこういうことです。いわば究極の経営組織論なのです。

本書で何より伝えたいことも、ここにあります。ソクラテスやプラトン、アリストテレスが生きた時代のギリシャでは、「正義とは強者の利益である」という風潮が蔓延していました。しかし彼らは、「正義や美徳とはそれ自体が尊ぶべきものであり、その認識を定着させることを国家運営の根本原理にすべきである」と主張したのです。

これは今から２４００年前の話ですが、こうした彼らの思想は、やがて形を変えてキリスト教と合体し、神の言葉となりました。また近代政治哲学においては、「幸福を追求する権利」として先進自由国家の憲法の土台にもなっています。

哲学を哲学としてだけではなく、歴史を歴史としてだけではなく、もっと有機的に組み合わせ、「人間とは何か」「どう生きるべきか」という根源的・普遍的な問いについて学ばせるのがアメリカ型のリベラルアーツ教育です。目指すのは、世界中のどこでも、あるいは政治でもビジネスでもあらゆる社会で能力を発揮できる人間を育てること。以下に、その概要をお伝えしたいと思います。

第1章

黎明期のギリシャ
～リベラルアーツの土壌はこうして生まれた

吟遊詩人によって語り継がれた古代ギリシャの歴史

前章で見たとおり、「ルネサンス」とは「古代ギリシャのヘレニズムに学ぶ」ということでした。その土台の上にローマカソリックがあり、現在の西ヨーロッパの発展があるわけです。とりわけ西洋哲学の分野において、その始祖であり根幹でもある存在として位置づけられるのが、古代ギリシャに生きたプラトンとその弟子のアリストテレスです。両者はそれぞれ『国家』や『ニコマコス倫理学』『政治学』をはじめとして複数の著作を残していますが、これらこそ「リベラルアーツ」の源流とも言うべき古典書です。

その内容に触れる前に、彼らがどんな思いでこれらを書いたのか、当時の時代背景を知ることが重要でしょう。そこで本章では、ギリシャという国の生い立ちから、文明の勃興と衰退、ギリシャ人の気質、それにヨーロッパとアジアの対立の原点まで概観しようと思います。

今から3000年以上も昔の話なので、不明な点も多々あります。しかしある程度までわかるのは、それぞれの時代を生きた吟遊詩人が多数いて、歴史的事象を「叙事詩」という形の物語に仕立てて口承で後世に伝え続けたからです。それを受け継いだ第一人者がホメロスで、世界史上におけるヨーロッパとアジアの争いの端緒となった「トロイア戦争」を、『イーリアス』『オデュッセイア』という壮大な「叙事詩」にまとめています。

言い換えるなら、もともとギリシャには自由と気概を重んじる気風があり、詩や物語を愛する土壌があったということです。その中から人類史に残る優れた作品が生まれ、それによって私たちは当時を知ることができる。この点は感謝とともに念頭に置いておくべきでしょう。

豊かな土地を奪い合う日々

いわゆる四大文明が栄えていた紀元前3000〜前2000年ごろ、ギリシャをはじめヨーロッパは未開の地でした。統一国家は存在せず、本土や周辺の島々にさまざまな民族が住み着いている状態です。

人々は集団で暮らしつつも定住することはなく、より強力な集団から圧迫を受けると、そのたびに住んでいた土地を未練なく捨てて別の土地に移っていきました。もともと富を蓄えることがなく、ただ起居に必要な土地と食糧を確保するだけだったので、簡単に移動できたのです。その分、強力な都市を築くこともなく、交易も行われませんでした。

特に入れ替わりが激しかったのは、今日でも肥沃な穀倉地帯として知られるギリシャ中部のテッサリア、南部のペロポネソス半島などです。理由は明らかでしょう。豊かな土地からは余剰が生まれます。その富をめぐって住民同士で争いが起こると、地域全体に壊滅的な打撃が及びます。その機に乗じて他地域の部族が侵攻や陰謀をはかり、元の住民はその地を追われることになる。こういう攻防が幾度となく繰り広げられたわけです。

一方、エーゲ海のあたりには小さな島が多数あります。それぞれに住民がいましたが、そのほとんどは海賊でした。彼らは内陸の集落を襲撃しては掠奪を繰り返し、生活の糧を得ていました。内陸の住民はそれを恐れてできるだけ高台に家を建て、身を守るための刀を常に携行していたと言われています。それほど襲撃が頻繁で過酷だったということでしょう。

そんな海洋民の中から、やがて南方の大きな島クレタにミノス王が登場するのです。

「ヨーロッパ」の始まりはクレタ島から

ギリシャが初めて世界の歴史に現れ始めたのは、紀元前2000年のころからです。その発祥は、クレタ島にあるとされています。

言い伝えによると、現在のレバノンの地中海沿岸部を指すフェニキア地方の都市テュロスに、ヨウロペという王女がいました。彼女を見初めた全能の神ゼウスは、牡牛に姿を変え、このクレタ島まで連れ去ったそうです。そこから、フェニキアから見て西側の一帯は、彼女の名にちなんで「ヨーロッパ」と呼ばれるようになりました。つまりギリシャの始まりは、ヨーロッパの始まりでもあったわけです。

ゼウスとヨウロペの間に生まれた子が、ミノス王です。彼は強力な海軍を組織すると、地中

図表1-1　クレタ文明からヘレニズム世界成立までの主な出来事

年	ギリシャ	出来事
BC 1600頃	(平和的海洋文明)	ミノス文明(クレタ文明)が栄える
BC 1400頃	(戦闘的文明)	ミケーネ文明が栄える
BC 1250頃	王　政	トロイア戦争(※時期については諸説あり)
BC 750頃	貴族政	都市国家(ポリス)の形成が始まる ギリシャ人の植民活動が盛んになる
BC 620頃		ドラコンの成文法が成立
BC 594	財産政治	ソロンの改革 (市民を財産により4等級に分ける)
BC 560頃	僭主政	ペイシストラトスの僭主政が始まる
BC 508	民主政	クレイステネスの改革 (陶片追放制度の成立)
BC 500		ペルシア戦争が始まる (～BC449まで3度にわたるギリシャ遠征)
BC 479頃		デロス同盟成立 (アテナイが覇者となる)
BC 443		ペリクレスがアテナイの指導者になる (ペリクレス時代と言われるアテナイ最盛期)
BC 431	衆愚政治	ペロポネソス戦争が始まる(～BC 404まで) (アテナイがスパルタに敗れる)
BC 371		都市国家テーベがギリシャの覇権を得る (都市国家間の争いが繰り返される混乱の時代へ)
BC 338		カイロネイアの戦い (マケドニアがアテナイ・テーベ連合軍に勝利)
BC 336		アレクサンドロス3世がマケドニア王となる
BC 334		アレクサンドロスの大遠征が始まる (ペルシアを破り大帝国の基礎を築く)
BC 323		アレクサンドロス没(32歳) (古代ギリシャ文明と古代オリエント文明が融合したヘレニズム文化が生まれる)

海の島々を次々と制圧し、植民していきました。それによって海上交通が栄え、交易が活発になり、莫大な富が蓄積されるようになります。富める者はますます富み、そうではない者との格差が大きくなり、前者が後者を支配する構図が生まれます。

この富を背景に、紀元前1500年ごろまで美しい文明が栄えました。ミノス王の名にちなんで「ミノス文明」または「ミノア文明」と呼ばれます。それを象徴するのが、クレタ島に建てられた壮大なクノッソス宮殿でしょう。ミノス王の拠点であるこの宮殿は、内装にフレスコ画が描かれていたり、複雑な作りの貯蔵庫があったり等々、豪奢そのものです。一方で、敵からの攻撃を防御する城壁はありません。当時の裕福で平和な生活様式がうかがえます。

この文明は、地中海を囲む各地に影響を及ぼしました。ギリシャ本土やその南東に位置するキクラデス諸島、またその南東で現在のトルコに近いドデカニサ諸島、さらにはキプロス島、シリア、パレスチナ、エジプトにまで痕跡が残されています。これらの地域には、クノッソス宮殿を模倣した別荘まで建てられています。

その後、ペロポネソス半島の北部にあるアルゴリス地方のミケーネで新たな文明が興り、ミノス文明の覇権を奪います。これが「ミケーネ文明」です。担い手となったギリシャ人の一民族であるアカイア人は、当初はミノス文明と同様、地中海貿易によって富を蓄え、ギリシャ本土のアテナイ周辺にまで勢力を拡大します。またクレタ島との交流を通じ、芸術なども輸入しました。その挙げ句、ついにはクレタ島に侵攻してミノス文明を滅ぼしたと言われています。

そのミケーネ文明を象徴する人物が、テーセウス王。軍隊の英雄的リーダーであり、アテナイを建設した人物とも言われています。ミノア文明の女王ヨウロペとは対照的ですが、その違いは建造物にも反映されています。

ミノス文明の場合には女性的で優美でしたが、ミケーネ文明の場合は男性的で無骨な印象です。とりわけ特徴的なのは、建物を囲う巨石の城壁でしょう。ミノス文明とは異なり、それだけ常に外敵の脅威に晒されていたためと考えられます。

ではミノス文明からミケーネ文明へ、どういう交代劇があったのか。その具体的な事実関係まではわかりません。しかしギリシャ人には、こういう歴史的経緯を面白おかしく詩や物語に仕立て上げて楽しむ傾向がありました。それが今日まで伝えられたおかげで、私たちは太古に何があったのかを大雑把ながら知ることができるわけです。

この文明の交代について伝えているのは、怪物「ミノタウロス」の物語です。以下に、その概要を紹介します。

怪物「ミノタウロス」の物語に込められたミノス文明の終焉

王位を継承したミノスは、その証として、海の神であるポセイドーンに牡牛を授けてもらえるよう求めます。ポセイドーンは、その牡牛を生贄として捧げることを条件にして、求めに応じました。

しかし、ミノス王は贈られた牡牛があまりに美しかったため、殺してしまうのが惜しくなり、別の牛を生贄にします。ポセイドーンは怒り、仕返しとして王妃パーシパエーが牡牛に恋心を抱くように呪いをかけます。感情を抑えられないパーシパエーは建築家・工匠として名高いダイダロスに相談し、木製の雌牛の張りぼてを製作してもらいます。その中に入って牡牛に近づき、情交を結んだわけです。

やがてパーシパエーは懐妊・出産しますが、その子どもは人間の身体に牛の頭が乗った怪物でした。それがミノタウロスです。成長とともに凶暴になるミノタウロスに手を焼いたミノス王は、ダイダロスに迷宮ラビリントスを建造させ、そこに閉じ込めます。また食糧として、9年に一度、若い男女7人ずつを捧げることにしました。

その計14人を差し出すよう強要された地域が、当時ミノス王の勢力下に置かれていたアテナイです。もともとアテナイを建設した英雄テーセウスはこれに怒り、父王アイゲウスの制止も聞かず、自ら14人のうちの1人となってクレタ島に乗り込みます。もちろん、生贄を装ってミノタウロスに近づき、退治するためです。

このとき、14人を運ぶ船は、アテナイの人々の悲しみと不安を表すために黒い帆が張られていました。テーセウスは、もし自分がミノタウロス退治に成功した際には、これを白い帆に張り替えて帰還すると約束します。

ミノタウロスが幽閉されている迷宮ラビリントスは、ダイダロスが手掛けただけに脱出不可能と言われていました。しかし、そこに踏み込むテーセウスの強い味方になったのが、ミノス王の娘アリアドネーです。彼女はテーセウスに恋をして、赤い麻糸のマリと短剣をこっそり手渡します。テーセウスは麻糸の端を入口の扉に結びつけ、辿った道がわかるようにマリをほぐしながら迷宮の奥へ進んでいきました。やがてミノタウロスと遭遇し、短剣で見事に討ち果たすのです。テーセウスはアリアドネーと結婚を約束し、ともにミノス王の追手から逃れてクレタ島からの脱出に成功します。

ところが、最後に悲劇が待っていました。帆を白に変える約束をすっかり忘れ、黒い帆のまま帰還してしまったのです。これを見た父王アイゲウスは、テーセウスがミノタウロスに殺されたと勘違いし、絶望のあまり海へ身を投げて世を去ります。その海が、アイゲウスの名にちなんで「エーゲ海」と名づけられたのです。

ミノス・ミケーネ文明時代にも「文字」は存在したが…

以上の物語は、もともと文書としては記録されていたわけではありません。ミノス文明やミケーネ文明の時代、文字はまだ一般に普及していませんでした。人々は口承でこの話を後世に伝えたのです。いかに物語を愛していたかがわかるでしょう。

ただし、文字自体は存在していました。およそ紀元前18世紀から紀元前15世紀ごろのクレタ文明時代に使われた文字を「線文字A」、紀元前16世紀から紀元前13世紀ごろのミケーネ文明時代のものを「線文字B」と言います。

いずれも粘土板に刻まれた形で発見されていますが、「線文字A」についてはクレタ島と周辺の島に限られ、数も少数のため、解読には至っていません。一方の「線文字B」については、クレタ島やギリシャ本土の各地で大量に見つかり、20世紀に入って急速に解読が進みました。

その文字は左から右に書かれた「表意文字」で、主に絵画的な記号と数字、単位記号から構成されています。これは「ミケーネ・ギリシャ語」と呼ばれています。当時の文明の統治機構は、エジプトやメソポタミアほど整備されていませんでしたが、人々から農作物や家畜などを貢納させるシステムはありました。それが文字で記録されていたのです。主な内容は、人名と職業が書かれた帳簿、物品目録など。当時の経済にとって重要だった資産を、記録しておく必要があったのでしょう。

しかしその後、数百年にわたって文字の文化は途絶えます。

ミケーネ文明の発展から「トロイア戦争」へ

ミノス文明を滅ぼしたミケーネ文明は、交易を拡大して地中海全域に強い影響力を持つようになります。その結果として生じたのが、権益が重なるエーゲ海東側の小アジア地域（現在のトルコ・アナトリア半島あたり）との衝突です。

これが紀元前13世紀ごろ、有名な「トロイア戦争」に発展しました。舞台は小アジアの伝説の都市トロイア。戦いは泥沼化し、10年も続いたとされています。ヨーロッパとアジアの間では、その後の世界史において何度となく戦争が繰り返されますが、トロイア戦争がその端緒でした。

ギリシャの人々は、先の「ミノタウロス」の話と同様、この戦争も面白おかしく物語化して口承で後世に伝えました。それが数百年の時を経て、吟遊詩人ホメロスによって神々と英雄たちが織りなす壮大な歴史スペクタクル『イーリアス』としてまとめられるのです。「イーリアス」とは「トロイア」の別名です。

『ホメーロスのイーリアス物語』（バーバラ・レオニ・ピカード著、岩波少年文庫）の訳者・高杉一郎氏は、「訳者あとがき」で次のように述べています。

「（ロバート・グレイヴズの『ギリシア神話』によれば）その背後には紀元前１４００年以降、しだいにはげしさをくわえてきたギリシアとトロイアの制海権をめぐる対立抗争という事実があったようです。それまで、プリアモス王を先頭とするトロイアとその同盟国は、黄金、銀、鉄、辰砂、船材、亜麻布、麻などを中心にする黒海貿易を独占して、たいへんな利益をあげてきました。それにたいして、アガメムノーン王を先頭とするギリシアが、ギリシアの艦船のヘレースポントス海峡への航行権を要求して立ち上がったというのが、この戦争の真相のようです。戦争の結果、トロイア城が落城すると、ギリシアはこの黒海貿易のルートにそってつぎつぎにゆたかな植民地を建設していき、しまいには当時最大の海軍力をもっていたアテーナイが、黒海地方の安い穀物を買い占めて、莫大な利益をあげるようになったといいます」

ヘレースポントス海峡とは、現在の「ダーダネルス海峡」を指します。エーゲ海とトルコ北西部にあるマルマラ海をつなぐ海峡で、さらにマルマラ海の北側にはボスポラス海峡があって黒海とつながっています。ちょうどアジアとヨーロッパの境界線とされている地域です。

ギリシャ側にとっては、ヘレースポントス海峡での航行が可能になれば、黒海貿易によって莫大な利益を得る道が開ける。逆にトロイア側にとっては、独占していた黒海の権益を奪われることになる。トロイア戦争は、その航行権・制海権をめぐる争いだったというわけです。

では『イーリアス』はどんな物語なのか。以下にその概要を紹介します。

『イーリアス』に描かれた戦争末期の「怒り」の物語

多数の登場人物と膨大なエピソードに彩られた『イーリアス』ですが、主人公はミケーネ王のアガメムノンと、ギリシャ勢プティーア国の王子でミケーネの英雄アキレウスの2人。アガメムノンは粗暴で傲慢な人物、アキレウスは対照的に直情的ではあるが誠実な正義漢として描かれています。両極端だからこそ、作品として成立しているとも言えるでしょう。全体を貫くテーマは、アキレウスの「怒り」です。

アガメムノンを総大将とするギリシャ連合軍10万人は、トロイア近郊に上陸して陣を敷きます。しかし、対するトロイア軍も堅牢な城壁のある市街に籠城したため、一進一退の攻防を繰り広げます。物語は、そのまま9年が過ぎ、双方に甚大な被害が出て厭戦ムードが漂うあたりから始まります。

その冒頭にあるのが、以下の有名な詩です。

「怒りを歌え、女神よ、ペレウスの子アキレウスの――アカイア勢に数知れぬ苦難をもたらし、あまたの勇士らの猛き魂を冥府の王に投げ与え、その亡骸は群がる野犬野鳥の食らうにまかせたかの呪うべき怒りを。かくしてゼウスの神慮は遂げられていったが、はじめアトレウスの子、民を統べる王アガメムノンと勇将アキレウスとが、仲違いして袂をわかつ時より語り起して、歌い給えよ」

あるとき、太陽神アポロンの祭司クリュセスの娘が捕らえられ、アガメムノンの妾にされます。クリュセスの訴えを聞いたアポロンは、ギリシャ軍の陣中に悪疫を発生させます。アキレウスはこの事態を収拾すべく、娘を解放してアポロンの怒りを鎮めます。しかし、これに怒ったアガメムノンは、今度はアキレウスの愛妾ブリセイスを奪って自分の妾にするのです。

当然ながら、今度はアキレウスが怒る番でしょう。もはやアガメムノンの下では戦えないと、戦列から離脱します。そのとたん、英雄を失ったギリシャ軍はトロイア軍に押され、苦境に陥ります。その結果、アキレウスと幼少期からともに育った無二の友人パトロクロスまで戦死しました。

復讐に燃えるアキレウスは、ギリシャ軍に復帰して怒涛の勢いでトロイア軍を押し返します。ついにはトロイア側の英雄であり、パトロクロスの仇でもあるヘクトールを一騎打ちの末に倒します。

さらに勝利の証としてヘクトールの遺体を晒しものにするところでしたが、そこで登場するのがトロイアの王でヘクトールの父親でもあるプリアモスです。彼は身の危険を顧みずに単身でギリシャ軍の陣中に潜り込み、アキレウスの前に現れます。息子の遺体の引き渡しを乞うためです。この場面が、『イーリアス』のクライマックスです。
プリアモスはアキレウスの足元で跪き、その手を摑んで涙ながらに訴えます。

「どうぞ、お願いですから、この年寄りをかわいそうだと思ってください。わたしの息子を何人も殺した相手のまえに、こうやって身をかがめ、ひざまずかなければならない年寄りの身の上をかわいそうだと思ってください」(『ホメーロスのイーリアス物語』)

すでに死を覚悟していたアキレウスは、帰還を心待ちにしているであろう自分の父親と、亡くなった親友のパトロクロスを思い出し、プリアモスに同情せざるを得ません。その願いを聞き入れ、ヘクトールの遺体を丁重に清めた上でプリアモスに返還するのです。

『イーリアス』の物語は、このヘクトールがトロイアの宮殿において厳かに埋葬される場面で終わります。

しかし、トロイア戦争自体はまだ続きます。その顛末と、その後の奇妙な冒険譚を綴ったのが、ホメロスのもう1つの大作『オデュッセイア』です。

終戦から始まる10年の冒険譚『オデュッセイア』

やがてアキレウスも戦死し、トロイア戦争はまた膠着状態に陥ります。それを打ち破ったのが、ギリシャ軍の知将オデュッセウスでした。「トロイの木馬」として知られる作戦を編み出したのです。

巨大な木馬を作り、その中に本人を含む数人の精鋭兵を潜ませて前線に放置し、他のギリシャ軍は陰に隠れます。ギリシャ軍が撤退したと思い込んだトロイア軍は、勝利の証としてこの木馬を城内に運び込み、祝宴を繰り広げます。彼らが酔い潰れたころを見計らい、木馬の中からオデュッセウスたちが抜け出して城門を開けると、これを機に待機していたギリシャ軍が一気に城内に流れ込み、トロイア軍とトロイア市民に壊滅的な打撃を与えるわけです。

『イーリアス』の最後に登場した老王プリアモスも、ここで討ち取られます。これが、10年に及んだトロイア戦争の終焉です。またその後、ギリシャ軍の総大将であるアガメムノンも、妻とその情夫によって暗殺されます。

ギリシャ軍はようやく祖国へ帰還するわけですが、その中にはオデュッセウスも含まれていました。ところが、さまざまな事情が重なり、彼の帰国にはさらに10年の歳月が必要になります。

その道中の紆余曲折を描いた冒険物語が、『オデュッセイア』です。全24歌からなる壮大な叙事詩なので、とてもすべては網羅できませんが、大まかなあらすじだけ追ってみます。

オデュッセウスは12隻の船団を率いてトロイアを出帆し、ギリシャ本土西岸沖にある故郷のイタケー島へ向かいます。ところが風向きが悪く、地中海を大きく南西に流されて北アフリカ沿岸の島にまで流されます。ここから数奇な運命に翻弄されるように、地中海の各地を転々とし、帰還まで10年の歳月が過ぎてしまうわけです。

物語は、大きく3部構成になっています。第1部は、その10年目を迎えたあたりから始まります。神々が集会を開き、オデュッセウスをそろそろ帰還させようと決定するのが最初のシーンです。

一方、イタケーでは、妻ペネロペイアと20歳の息子テーレマコスがオデュッセウスの帰国を待ちわびていました。それは単に家族として、という理由だけではありません。とうの昔にトロイアを発ったはずのオデュッセウスがなかなか帰らないため、残された財産を狙って、多数の男たちがペネロペイアに結婚を申し込んでいたのです。ペネロペイアがいくら断っても、彼らはかえってオデュッセウスの屋敷に入り浸り、勝手に宴会を繰り返すような状態でした。

彼らを追い払うため、息子テーレマコスはイタケー島で集会を招集し、悪行を非難する演説を行います。ところが求婚者の中には島の有力者も含まれていたため、賛同を得ることはできません。

そこで意を決し、オデュッセウスの消息を探る旅に出ます。トロイア戦争での戦友たちを訪ね歩き、手がかりを摑もうとするのです。その結果、スパルタ王から、オデュッセウスは生存しているものの、オーギュギアー島（現在のマルタ共和国北西部のゴゾ島と言われている）において海の女神カリュプソーに愛されて足止めされていると知ります。ここまでが第1部です。

オデュッセウスが登場するのは第2部から。カリュプソーの協力を得て、筏でオーギュギアー島を脱出しますが、大波に飲まれて海に投げ出されます。3日間の漂流の後、パイアーケス人の住むスケリア島（現在のギリシャ西岸沖・イオニア諸島北端にあるケルキュラ島とされている）にたどり着き、王女ナウシカアに助けられます。

またその父親のアルキノオス王に歓待され、パイアーケス人と親しく交わります。そこで彼らに対し、過去10年に及ぶ波乱万丈の冒険譚を語るわけです。

そして第3部では、パイアーケス人の助けによってようやく故郷イタケーに帰還します。またスパルタからテーレマコスが帰国して再会を果たし、力を合わせて多数の求婚者に立ち向かい、ついに討ち滅ぼすのです。

文字のない時代に物語が受け継がれた理由

ところで、トロイア戦争にまつわる物語は『イーリアス』『オデュッセイア』だけではありません。この2編を含む合計8編の叙事詩で物語がリレーされています。これを「叙事詩の環」と言います。

ただしアリストテレスも指摘していますが、ホメロスによる2編が質量ともに突出した作品であることは言うまでもありません。その他の6編は、この2編の前後を埋めるために創作されたとも言われているほどです。

このうち、物語の最初に位置づけられるのが『キュプリア』。トロイア戦争が勃発したいきさつを綴っています。これに続くのが『イーリアス』で、その後の『アイティオピス』では英雄アキレウスが矢に射抜かれて死ぬシーンが描かれます。

4番目の『小イーリアス』は、神から贈られた故アキレウスの武具をめぐるエピソードです。オデュッセウスと、同じくギリシャ軍の戦士である大アイアスがそれを受け継ごうと争った結果、オデュッセウスに軍配が上がります。怒った大アイアスはオデュッセウスをはじめとする同志に刃を向けますが、最終的に我に返り、自害します。

その後の『イリオス落城』では、前述した「トロイの木馬」によるトロイア陥落が、『帰国談』ではオデュッセウス以外のギリシャ諸将の運命が描かれます。アガメムノンが妻と情夫に謀殺される話もここに含まれます。

ここから『オデュッセイア』につながり、最後は『テレゴニア』で締めくくられます。これはオデュッセウスと魔法使いとの間にできた子が誤ってオデュッセウスを殺してしまう物語ですが、内容的に『オデュッセイア』との矛盾点が多く、かなり酷評されているようです。

いずれにせよ、これらの作品は文字のない時代に生まれました。ミケーネ文明時代の線文字Bの文化は、その文明の消滅とともに忘れ去られていたのです。それでも詩吟によって、つまり記憶と口承によって後世に伝え、一大文化遺産に昇華させたことは感嘆に値します。『イリアス』『オデュッセイア』（ともに岩波文庫）の訳者である松平千秋氏は、『イリアス』の解説において、トロイア戦争にまつわるもの以外にも、複数の作品からなる「叙事詩の環」が存在していたと述べています。

では、当時の人々にとって詩吟とは何だったのか。実は『オデュッセイア』の中でも、詩の語り部である吟遊詩人が登場するシーンが複数あります。松平氏によれば、そこからも当時の詩吟文化のあり方が見えるそうです。詩吟は、宴の席や大きな祭などの出し物だったらしい。「ポルミンクス」という原始的なたて琴を弾きながら演じた奏者を「アオイドス（歌い手）」と呼びますが、彼らが吟遊詩人の初期の姿なのだそうです。

やがて、そこに「ラプソードス」と呼ばれる演者たちが台頭します。たて琴の代わりに「ラブドス」と呼ばれる杖を用いる芸風で、それはちょうど今日の講釈師や落語家にとっての扇子や手ぬぐいのようなものと考えればいいでしょう。つまり、詩の表現手段も歌うことから語ることへ代わっていったわけです。いずれにせよ、娯楽性豊かな芸術として、人々に愛されつつ発展しました。

詩吟の特徴は、比喩を用いた情景描写と、枕詞や韻を使った語りの技術にあります。演者は、その表現力によって評価されました。つまり一連の物語は、長い年月をかけて無数の吟遊詩人によって工夫され、磨かれ続けたわけです。それを受け継ぎ、突出した編纂力と表現力で一大作品としてまとめ上げたのがホメロスでした。

いわば当時の吟遊詩人の叡智の結晶だからこそ、今から3000年も昔の物語でありながら、やがて文字に記録されて文学となり、世界中で長く読み継がれる作品になったのでしょう。仮に最初から文学であれば、こうはならなかったはずです。

「暗黒時代」から「アルカイック期」へ

先にも述べましたが、トロイア戦争は紀元前13世紀ごろの話であり、ホメロスが生きたのは紀元前8世紀ごろとされています。つまり400〜500年は時代が下っているわけです。ではその間、ギリシャで何があったのかはよくわかっていません。地域ごとに都市国家（ポリス）を形成し、戦乱が続いて荒廃していたらしいのですが、そのせいか史資料がほとんど発見されていないのです。この時期は「暗黒時代」と呼ばれています。

しかしその後、ギリシャは劇的な変化を遂げます。冒頭で述べたとおり、太古のギリシャでは肥沃な地域ほど奪い合いが繰り返され、負けた民は新天地への移動を余儀なくされていまし

図表1-2　フェニキア人とギリシャ人の植民活動

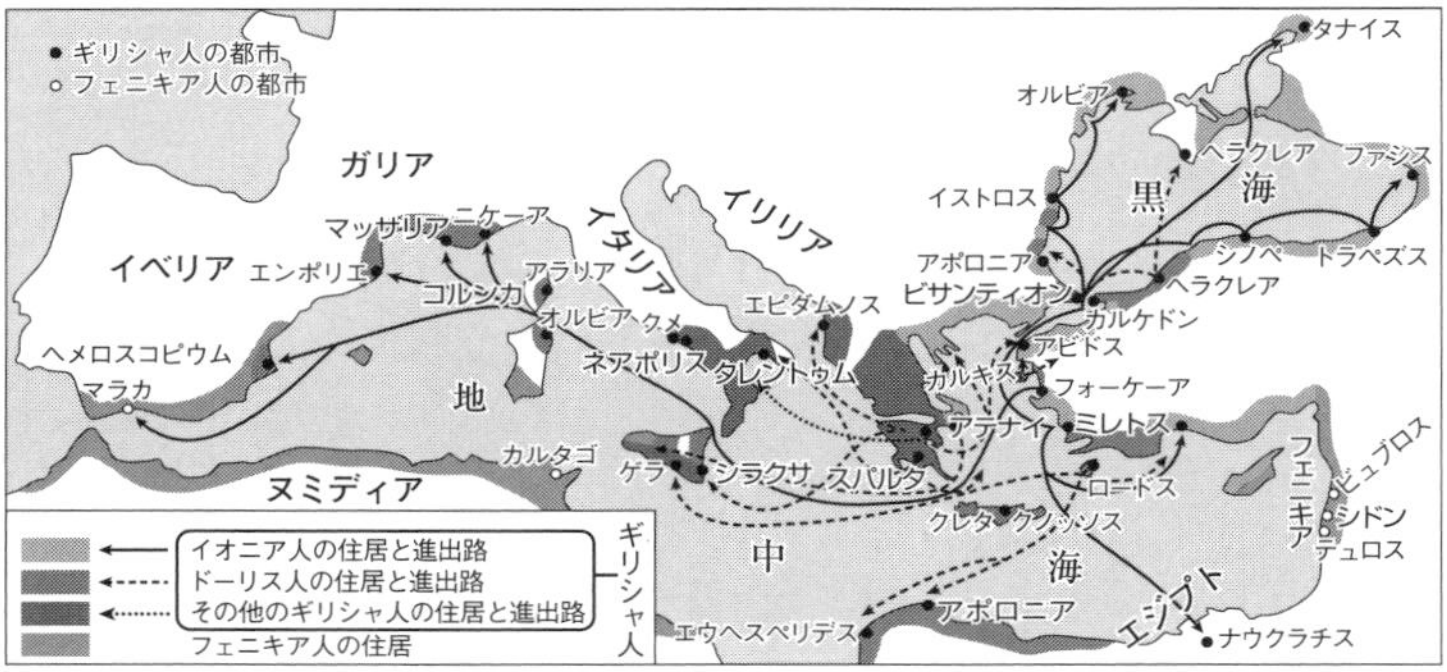

た。その状態はトロイア戦争後も続いていたようです。

逆に言えば、土壌の貧しい地域は穏やかでした。今日の首都アテネを指すアテナイがその典型で、太古から内乱はきわめて稀でした。だから、ギリシャ各地や国外からも、土地を追われた多くの難民がここに集まるようになったのです。その中には、王侯貴族も少なからず含まれていました。

もともとこの地に住んでいたアテナイ人は、彼らを保護し、市民の列に加えました。そのため人口が増大し、ついにはアテナイだけで収容しきれなくなり、地中海の各所に進出して植民市を建設します。その範囲は、たとえばエーゲ海を隔てた現トルコの沿岸部であるイオニア地方にまで及びました。それとともに海洋交易を発展させ、豊かさを獲得することになります。

こうした移動の経緯は、先に紹介した『オデュッセイア』の10年に及ぶ冒険物語と重なります。当時のギリシャの人々は、新天地で植民活動を行う苦労や不安を、主人公オデュッセウスに反映させて楽しんでいたのかもしれません。

対照的なのが、ペロポネソス半島にあるスパルタです。ここは土地が肥沃だったため、争いが絶えませんでした。その状況に終止符を打ったのが、北部から到来したドーリス人という民族です。彼らは鉄の武器を持ち込んで力づくで他民族を抑え込み、半島全域を平定します。

ドーリス人は先住の他民族を国有奴隷（ヘイロタイ）や周住民（ペリオイコイ）という半自由民にしていました。彼らに農作などの労働を担わせたのです。当然、他民族は鬱屈していたので、いつ反乱を起こしてもおかしくなかったはずです。

ところが、ドーリス人の政権が危うくなったことは一度もありません。それには理由があります。市民に武勇を磨くように仕向け、厳しい軍律に基づいて統率したからです。富める者も貧しい民も同じ服装を用い、気概と節制を善とする気風を作り上げました。その結果、スパルタはギリシャ諸国内随一の軍事大国になったのです。

以上のアテナイによる植民市政策とスパルタによる軍事力強化は、ギリシャ全土に平和と安定の時代をもたらします。これを「アルカイック期」と呼び、紀元前8世紀から紀元前5世紀ごろまで続きました。

「第1回古代オリンピック」に象徴される変化と膨張の時代

この時代の幕開けを象徴するのが、紀元前776年にペロポネソス半島の西部にある都市オリンピアで開催された、第1回古代オリンピックです。ギリシャ内の都市国家間での争いをとめ、スポーツを最高神ゼウスに捧げることが目的だったとされています。当時から4年に一度のペースで開催され、その期間中は戦争を休止するというルールが設定されました。

平和の到来とともに、ギリシャは人口も富も増していきます。30以上の都市国家が、それぞれ地中海沿岸の津々浦々に複数の植民市を持つようになりました。プラトンの言葉を借りるなら、その様子は「地中海という池の中でカエルが生殖するよう」だったそうです。

とりわけ勢力を誇ったのがアテナイとスパルタで、前者はエーゲ海の大部分の島々やギリシャ本土の対岸に位置するイオニア地方（現トルコ沿岸部）にまで、また後者はシケリア（現シチリア島）やイタリア半島にまで植民市を開きました。

それとともに、各地で「僭主」と呼ばれる新しい支配層が台頭します。従来、それぞれの都市は世襲の王が一定の権限を得て統治していました。またその後は、共和政の名の下に貴族階級が実質的に主導権を握る時期もありました。しかし、やがて交易などによって貴族階級に劣らない経済力を持つ富裕な市民が増えると、その中から支持を集めて権力を掌握する者が登場してきました。それが僭主で、彼らは貴族の合議制を抑えて独裁的権力を振るうようになります。

変化したのは政治体制だけではありません。軍事的には重装歩兵が軍隊の中心に位置づけられるようになりました。また先進文明である古代オリエント世界（エジプト・メソポタミア）からの影響を受け、リュディア王国（現在のトルコ西端）で鋳造された世界初の硬貨も流通しました。あるいは芸術分野において、オリエント世界から巨大な彫像の文化が流入したり、「赤絵式」と呼ばれる古代ギリシャを象徴する陶器が生み出されたのもこのころです。

ギリシャ文字の発明

そしてもう1つ、アルカイック期のギリシャで起きた大きな変化は、ギリシャ文字の発明です。

その文字は、先に紹介したミノス文明・ミケーネ文明時代の線文字A・線文字Bとは根本的に違います。すでに存在していたオリエント世界のフェニキア文字をもとにして、ギリシャ語を表記するために作られました。

フェニキア文字は、フェニキア人が自らの言葉を書き表すために発明した22の文字です。フェニキアはかねてより交易で栄え、地中海の各地に植民市を造っていました。特に紀元前8世紀ごろ、ヨウロペの伝説で知られる貿易港テュロスは、地中海方面からメソポタミア、アラビア半島に至る交易ネットワークのハブとして栄えました。彼らは交易とともに、自らが生み出した文字も各地に伝えたわけです。

ちなみにフェニキアの別称は「カナン」です。『旧約聖書』において「乳と蜜の流れる土地」「約束の地」として登場することは有名でしょう。

文字には、1字で意味を持つ表意文字と、音だけを表す表音文字があります。前者の典型は漢字で、後者はアルファベットやひらがなが該当します。また表音文字は、音節文字と音素文字に大別できます。前者は1文字で1つの発音（音節）を表すもので、典型はひらがなですが、先に述べた線文字Bもその1つでした。それに対して後者は、1文字が母音または子音を表し、その組み合わせによって音節を表現します。

フェニキア文字は音素文字で、ギリシャ文字をはじめ、アラビア文字、アラム文字、ヘブライ文字などヨーロッパ・西アジアの多くの言語に取り入れられました。現在使われている音素文字のほとんどは、フェニキア文字に由来すると考えられています。

ただし、フェニキア文字は子音ばかりです。一方、ギリシャ語で母音は欠かせません。そこで、ギリシャ語の発音に必要ないフェニキア文字「A」「E」「O」「Y」「I」を、母音を表す音素文字に転用しました。母音と子音が揃ったことで、ギリシャ文字はヨーロッパ各地を中心として多くの民族に模倣されます。

ここから、後にラテン文字、いわゆるローマ字も生まれました。つまり今日の英語表記も、原点はギリシャ文字ということです。ちなみに「アルファベット」という言い方は、ギリシャ文字の最初の2文字「α（アルファ）」「β（ベータ）」に由来します。

散文形式の著述活動が始まった

ギリシャ文字の発明は、詩吟文化から文字文化への移行を促しました。

すでに述べたとおり、ギリシャの人々にとって詩吟は大きな娯楽でした。その期待に応えるように、吟遊詩人はさまざまな物語を詩に仕立てました。史実をもとにした物語を「叙事詩」、恋愛や神への賛美を綴ったものを「叙情詩」と言います。

その中でも突出していたのが、ちょうどアルカイック期に生きた吟遊詩人ホメロスがまとめた叙事詩『イーリアス』と『オデュッセイア』です。その作品性の高さから、これを詩吟という形ではなく、普及し始めた文字として記録しようと考えるのは当然かもしれません。

前出の松平千秋氏によると、ホメロスの詩は紀元前6世紀後半のアテナイで、校訂あるいは編纂に類する作業が行われたそうです。命じたのは当時のアテナイの独裁者ペイシストラトスで、祭で上演するテキストを作成するためだったらしい。これを「ペイシストラトスの校訂」と言います。

この一件を契機に、ホメロスの作品が文字として出回るようになりました。こうして記録に残されたからこそ、やがて複数の言語に翻訳され、ひいては2500年後の今日に日本語でも読めるようになったわけです。

もちろん、文字になったのはホメロスの作品だけではありません。詩歌ではなく、散文形式の著述活動も行われるようになりました。つまり韻を踏むなどの修辞のない、もっと自由な表現が可能になったわけです。

その分、重視されるようになったのは著述の中身です。理性や事実に即した内容でなければ、書き残す意味がありません。文字の使用は、情緒に訴えるより、論理を働かせるという習慣を生みました。それが、哲学や歴史学などの学問の萌芽となったのです。

この大きな変化により、もう少し後のアテナイにおいて、歴史家のヘロドトスやトゥキュディデス、哲学者のプラトンやアリストテレスなどが登場することになりました。ただしそれは、文字の発明だけが原因ではありません。彼らが何かを書き残さざるを得ないという使命感に駆られるほど、当時のギリシャがまた戦乱と悲劇の時代を繰り返すことになったからです。

アルカイック期はギリシャにとって発展・成長の時代でした。しかしその膨張ぶりが、以前から文明が栄えていたアジアとの間にあらためて摩擦を生みます。その結果、紀元前5世紀末に当時のアジアの大国だったアケメネス朝ペルシアから侵攻を受けます。これがいわゆる「ペルシア戦争」で、これによっておよそ300年続いたアルカイック期は終焉を迎えます。

また、都合三度、半世紀にわたって繰り広げられたこの戦争の詳細を綴ったのが、「世界最古の歴史書」と呼ばれるヘロドトスの『歴史』です。次章では、その概要を紹介したいと思います。

第2章

ヘロドトス『歴史』で知る ヨーロッパの原点

「ギリシャ哲学」を生んだ繁栄と衆愚の物語

古代史を学ぶ上で、けっして欠かせないギリシャ人の歴史家が2人います。1人はヘロドトス、もう1人はトゥキュディデスです。2人は、その後の世界史に大きな影響を及ぼした2つの大事件を、それぞれ克明に記録しました。

大事件の1つは、紀元前5世紀に起きた「ペルシア戦争」。アジアの巨大帝国だったペルシア帝国が、ギリシャ世界へ侵攻してきたのです。その一部始終を綴ったのが、ヘロドトスの壮大な著書『歴史』です。完全な形で現存する「人類最古の歴史書」とされています。

もう1つはペルシア戦争終結から20年後に起きた「ペロポネソス戦争」。ともにギリシャの都市国家（ポリス）であるアテナイ（現アテネ）とスパルタによる、27年に及ぶ戦いです。トゥキュディデスの著書『戦史』は、その顚末を綴っています。

『歴史』では、ギリシャ世界の結束と民主制の力が描かれます。前章で見たとおり、アルカイック期のギリシャは都市国家に分立し、それぞれ独裁僭主に支配されていました。しかしペルシア帝国という圧倒的に先進な異文明の侵略を受けたことを機に、諸都市は結束します。

特にアテナイは、独裁僭主を追放して「民主制」という新たな体制を確立しました。自分たちの手で自分たちの土地を守るために戦い、やがてペルシア帝国を撤退に追い込むとともにギリシャ世界の盟主としての地位を築いていくのです。この勝利が、西洋文明にとって大きな転換点になったとも言われています。その自由と平等の理念を活き活きと描き出したのが『歴史』です。

ところがその後、アテナイの繁栄と権勢は被支配諸国への増上慢をもたらします。徳と知性を合わせ持ったリーダーは不在となり、国家は衆愚の餌食へと転落していくのです。これが『戦史』の主題です。

2人の歴史家が描き出したのは、「正義、善、徳とは何か」「国とは何か」「政治とは何か」という問いかけです。その問いに対し、「哲学」というジャンルで答えを探し求めたのがプラトンやアリストテレスです。そして彼らが思考の末に残した数々の著作が、後世の西洋文明を形成していった。そう考えれば、なぜ現代の私たちが2500年も前の戦争を振り返り、またその詳細な記録を繙く必要があるのが、理解できるのではないでしょうか。

また教養としてだけではなく、物語としても十分に堪能できます。嫉妬や欲望、恨み、驕りなど、無数の登場人物たちのさまざまな感情が歴史を動かす。よかれ悪しかれ、昔も今も人間は変わらないということを実感できるでしょう。

エピソード満載の「人類最古の歴史書」

そこで本章では、まずヘロドトスの『歴史』を繙くことにします。

前章で紹介したホメロスの叙事詩『イーリアス』『オデュッセイア』は、アジア世界とヨーロッパ世界による最初の大きな激突だった「トロイア戦争」を描いた作品でした。ヘロドトスの『歴史』が記した「ペルシア戦争」の構図も、やはりアジア世界とヨーロッパ世界の対立です。

ヘロドトスが生まれたのは、ちょうどペルシア戦争が始まった紀元前5世紀初頭とされています。出生地は、カリア地方（現アナトリア半島沿岸）のハリカルナッソスというギリシャ人が植民によって築いた国です。植民地の人々には、果敢に新しいことに取り組む気質がありましたが、ヘロドトスもそれを強く受け継いだようです。『歴史』は2次情報をまとめたものではなく、実際に彼自身が各地を訪ね歩いて得た情報や逸話をふんだんに盛り込んでいます。おそらくは「オデュッセウス」のように、その行き先は広範に及んだのでしょう。

したがって、ギリシャのみならずペルシアやエジプト、リビアなどアジア・アフリカ各地の古代史を知る上でも貴重な史料となっています。また、一つひとつの話をエピソードとして面白く読めることも大きな特徴で、「人類最古の歴史書」というイメージから連想される堅苦しさはありません。

ただし非常に膨大な文献であり、後の学者によって全9巻に編纂されています。日本語版としては、岩波文庫（松平千秋訳）がもっとも入手しやすいでしょう。上中下の全3巻で、それぞれ原典の3巻分ずつが収録されています。

とてもすべてを紹介することはできませんが、アジアとヨーロッパの対立を軸に、主だったエピソードを拾いながら全体像を明らかにしていきたいと思います。

対立の発端は女性の奪い合い

前半では主に、後にギリシャ世界と対峙することになるアケメネス朝ペルシアという国家がいかに誕生したのか、その過程を克明に綴っています。

その冒頭は、そもそもなぜアジアとヨーロッパが対立するようになったのか、前章で述べた「ヨウロペ」の伝説や「トロイア戦争」にも触れつつ言及しています。

「ヨウロペ」の伝説は、全能の神ゼウスがフェニキア（現レバノン）の娘ヨウロペをクレタ島へ連れ去ったという話でした。その名から、ギリシャなどアジアより西が「ヨーロッパ」と呼ばれるようになったわけです。

ところが『歴史』によれば、この話には〝伏線〟があったようです。これ以前に、フェニキア人がペロポネソス半島東部に位置する都市国家アルゴスでギリシャの娘たちを掠める事件が起きていました。もともと彼らは海洋交易に長けていて、エジプトやアッシリア（現イラク北部）で商品を仕入れては各地で売り捌いていました。その一派がアルゴスにも訪れ、それぞれ好みの娘を物色して無理やり船に押し込めていたのです。その被害に遭った娘の中には、アルゴスの王の娘イオもいました。もちろんギリシャ側は返還を求めましたが、フェニキア側は応じません。

これに激怒したクレタ島に住むあるギリシャ人男性が、意趣返しとばかりにフェニキアの首都テュロスに侵入し、王の娘を拉致しました。この経緯から、エウロペの伝説が生まれたようです。

さらにギリシャ側は、コルキス王国（現ジョージア西側）に軍船を差し向け、王女メディアを拉致します。コルキスの王ももちろん王女の返還を要求しましたが、ギリシャ側はイオの事例を理由に拒否しました。

この諍いは、次の世代まで持ち越されます。トロイアのプリアモス王の息子パリスは、一連の経緯を見て、スパルタ王妃だったヘレネーを誘惑して連れ去り、妻にしました。今度はギリシャ側が返還を求めますが、パリスは「非はギリシャ側にある」として拒否します。そこでギリシャ側は大軍を仕立て、トロイアに侵攻します。これが「トロイア戦争」の発端で、最終的にトロイア城（イーリアス城）は炎上して落城するわけです。

ギリシャやヨーロッパ側から見れば、アジアは高度文明を利用して搾取や収奪を繰り返す敵、というイメージだったかもしれません。しかしアジア側から見れば、先に攻め込んできたのはギリシャ側だから、敵意を持つのは当然という理屈になります。しかもきっかけは女性をめぐる諍いで、本来は国家が動くようなことではありません。だから、アジア側はヨーロッパに対して嫌悪感を抱くようになった、というわけです。

「富める者」クロイソス王

古来、ギリシャとアジア世界との間にはこうして諍いが絶えなかったのですが、『歴史』によると、ギリシャにもっとも大きな悪をもたらしたのはリュディア王国（アナトリア半島の西側：現トルコ）のクロイソス王だそうです。

クロイソス王は、もともと負の〝宿命〟を背負っていました。遡ること5代前のカンダウレス王の時代、自分の妻（王妃）をもっとも美しいと信じる彼は、それを自慢したいがため、側近のギュゲスに「寝室に隠れてわが妻の脱衣する姿を覗け」と命じます。ギュゲスはそれにしたがいますが、その気配を王妃に悟られます。恥辱を受けた王妃は激怒し、その矛先をギュゲスではなくカンダウレス王に向けます。ギュゲスに対し、自害するか、それとも結託して王を殺害するかの選択を迫るのです。

その結果、ギュゲスは王妃と組んで王を殺害する道を選び、王位を簒奪することになります。しかし民衆が蜂起したため、即位の是非を「デルポイの神託」に委ねることにしました。デルポイはギリシャ中部の地名で、アポロン神殿のある聖地です。主にギリシャ人にとって、政治的に重大な決定をする際には、この神殿で巫女の口を借りて神託を受けることが慣例になっていました。ギュゲスはリュディアからギリシャへ越境し、それを踏襲したわけです。

大方の予想に反し、巫女はギュゲスの即位を認めます。ただし、5代後の王の時代に報復が待っているとも告げました。それが、クロイソス王だったのです。即位したのは紀元前560年とされています。

クロイソスはまず、アナトリア半島南西部のイオニア地方に複数あったギリシャの植民市に言いがかりをつけては攻撃し、ことごとくリュディア領に組み入れます。これによってアナトリア半島西側の全域を手中に収めると、首都サラディスには当時の世界中から富が集中しました。世界初の金貨として知られる「リュディア金貨」も、この時期に作られたものです。

今日でも、ギリシャ語とペルシア語で「クロイソス」と言えば「富める者」を意味します。あるいは英語でも、大金持ちの形容として「rich as Croesus」や「richer than Croesus」という慣用句があります。しかしこの豊かさが、後のペルシア戦争の遠因になりました。

そしてもう1つ、クロイソスがギリシャにもたらした悪があります。結果的に、この施策がペルシア帝国のアナトリア半島西部への進出を許してしまったことです。影響度で考えるなら、こちらのほうが重大かもしれません。

クロイソス王と賢人ソロンとの対話

ところで、『歴史』の中にはクロイソスにまつわる興味深いエピソードがあります。ギリシャの賢人の1人であるソロンがリュディア王国を訪問した際の、両者の対話です。

ソロンはアテナイの民主制を主導した人物で、その後は10年にわたって漫遊の旅に出ます。アジア各地で情勢分析を行うことが目的でしたが、その一環としてリュディアにも訪れたわけです。

賢人の訪問を歓迎したクロイソスは、宝物蔵に案内しながら、いかに自分が富める者であるかを自慢します。

「アテナイの客人よ、そなたの噂はこの国へも雷のごとく響いておる。そなたの賢者であるのは素より、知識を求めて広く世界を見物して廻られた漫遊のことも聞き及んでおる。そこでぜひそなたにお訊ねしたいと思ったのだが、そなたは誰かこの世界で一番仕合せな人間に遭われたかどうかじゃ」（『歴史』岩波文庫・以下同）

要するに、自分こそ世界でもっとも幸せな人間であると認めさせたかったわけです。ところがソロンは、まったくへつらうことなく、こう答えました。

「王よ、アテナイのテロスがさような人物であろうと存じます」

テロスはもともと裕福な家に生まれ、子宝にも恵まれましたが、隣国との戦争に参加して味方の危機を救いつつ戦死した人物とのこと。アテナイは国費で埋葬し、その名誉を讃えたそうです。

この話を聞いて苛立ったクロイソスは、「世界で2番目に幸せな者は誰か」と尋ねます。するとソロンは、次に「アルゴス生まれのクレオビスとビトンの兄弟」を挙げます。アルゴスはペロポネソス半島北東部の都市。この兄弟は、最高女神であるヘーラーの祭礼に母親を参加させるため、牛の代わりに自ら牛車を引いて間に合わせたそうです。その夜に兄弟は亡くなりますが、その親孝行ぶりに、祭礼に集まった群衆は大喝采を送りました。またアルゴスの人々は、2人を「世にも優れた人物」として立像を作り、デルポイに奉納したそうです。

庶民と比べられ、なおかつ庶民より劣るとされて、クロイソスはさらに苛立ちます。その様子を見て、ソロンはこう続けます。

「（略）私は神と申すものが嫉み深く、人間を困らすことのお好きなのをよく承知いたしております。人間は長い期間の間には、いろいろと見たくないものでも見ねばならず、遭いたくないことにも遭わねばなりません。（略）どれほど富裕な者であろうとも、万事結構ずくめで一生を終える運に恵まれませぬ限り、その日暮らしの者より幸福であるとは決して申せません。腐るほど金があっても不幸な者も沢山おれば、富はなくとも良き運に恵まれる者もまた沢山おります。（略）人間死ぬまでは、幸運な人とは呼んでも幸福な人と申すのは差控えねばなりません。（略）神様に幸福を垣間見させてもらった末、一転して奈落に突き落された人間はいくらもいるんでございますから」

クロイソスはついに怒り、一顧も与えることなく、ソロンを自国から立ち去らせました。ここには、ヘロドトスの人生観が投影されているように思います。

その後のクロイソスの運命は、まさにソロンの言うとおり暗転しました。まず婚礼を間近に控えていた息子を不慮の事故で失い、2年間も悲しみに沈みます。さらにその後には、破竹の勢いのペルシア帝国との戦争が待っていたのです。

アジアは四王国分立時代へ

時代は前後しますが、ここからペルシア帝国が台頭し、アジアの覇者になるまでの経緯を追ってみたいと思います。

紀元前8世紀以降、アジア地域は長くアッシリアが支配していました。彼らは一時、エジプトまで征服し、いわゆるオリエント世界全域を統治します。ところがその後、各地で反乱・離反が相次ぎ、紀元前612年には首都ニネヴェ（ニノス）が陥落して滅亡します。その立役者となったのが、メディア王国でした。

その経緯は、少し複雑です。メディア王国はイラン高原東部から北西部へ勢力を拡大したメディア人が興した国で、同じくイラン高原にあったペルシアを支配下に置いていました。アッシリアの弱体化に乗じてリュディア王国との境あたりまで西進し、版図をアジア全域に拡大した後、ニネヴェを包囲するわけです。

ところがそのとき、北方の黒海あたりから遊牧民族スキュタイ人の大軍が攻め寄せ、メディア軍を打ち破ります。これにより、スキュタイ人はアジア全域を統治することになります。

ただし、彼らは武力には長けていますが粗暴であり、統治者としては不向きでした。当然ながら各地で反感が募り、それに後押しされるようにメディア軍が反抗に出ます。その結果、ス

図表2-1　四王国分立の時代

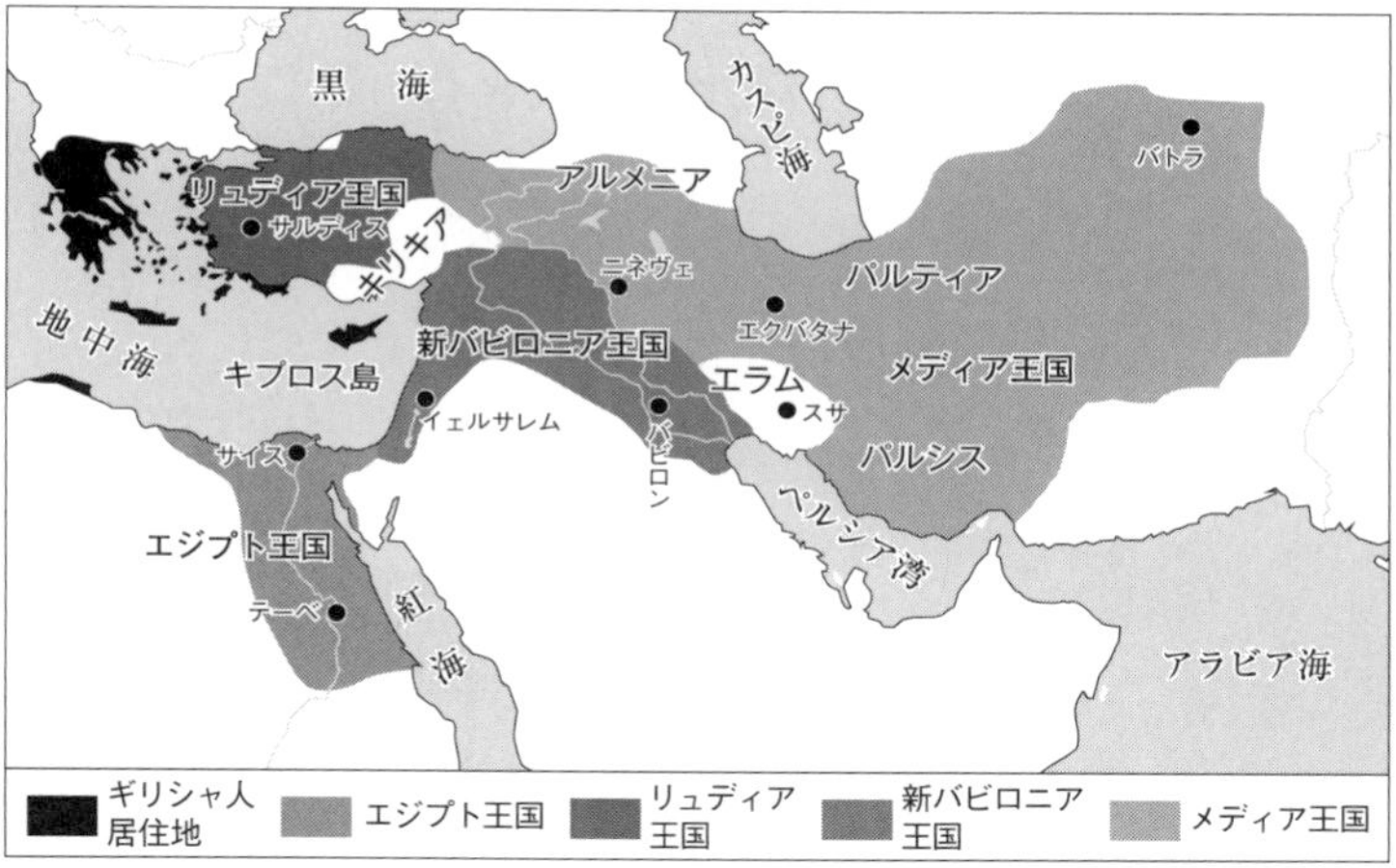

キュタイ人を追い出し、28年に及ぶ彼らの支配を終わらせることができたのです。さらに、メソポタミア川流域を版図とする新バビロニア王国と連携してニネヴェを陥落させ、アッシリアを滅亡させました。

これ以降、アジアは四王国が分立する時代に突入します。もともとあったエジプト、新バビロニア王国、リュディア王国、それにメディア王国です。

ただし、四王国の性格はかなり違います。エジプトは言うまでもなく数千年の文化土壌を持つ文明大国であり、新バビロニア王国も太古から栄えた国家の新形態です。またリュディア王国は前述のとおり交易で栄えた比較的新興国ですが、それでも５００年ほど続く王朝の歴史があります。

それに対し、メディア王国は完全な新興勢力でした。もともとアジアにも含まれない東部の高原地帯から発した遊牧系の民族なので、版図は広大ながら蓄積できる富はありません。しかしそのために他国から攻められることもなく、少しずつ力を蓄えることができたのでしょう。やがてペルシア人を支配下に置き、自らの台頭とともに、図らずも彼らを歴史の主役に据える役割を果たすことになるのです。

アケメネス朝ペルシア帝国の誕生

隆盛をきわめたメディア王国ですが、その後2代で潰えます。その2代目の王アステュアゲスの時代、孫であり、後にペルシア帝国を建国して初代王となるキュロスによって滅ぼされるのです。

アステュアゲスには、マンダネという娘がいました。あるとき、彼はマンダネが放尿してアジア全土を氾濫させる夢を見ます。これについて「マゴス僧」と呼ばれるペルシア系宗教の神官と相談し、マンダネをペルシア人に嫁がせることにします。由緒あるメディア人に嫁がせた場合、将来自分の存在を脅かす存在になると考えたようです。

マンダネの結婚相手は、カンビュセスというペルシア人でした。この2人の間に生まれた子どもが、キュロスです。ところが生まれる前、アステュアゲスはふたたび夢を見ます。今度はマンダネの陰部から一本の葡萄の木が生え、それが全アジアを覆うというものでした。あらためてマゴス僧と相談したところ、生まれてくる子がアステュアゲスを退けて王になるという。そこでアステュアゲスは、その子をただちに殺す決断をします。妊娠していたマンダネをペルシアから呼び戻し、厳重な管理下に置き、出産とともに子どもを側近のハルパゴスに預けて以下のように命じました。

「お前の家へ連れていって殺せ。遺体は、お前の思うように葬ればよい」

ハルパゴスは指示どおり子どもを自宅へ連れ帰りますが、殺害を躊躇します。殺せば確実にマンダネの恨みを買うし、かと言って殺さなければアステュアゲス王から咎めを受けるからです。そこで自身では手を下さず、牛飼いのミトラダテスという男に託します。

「アステュアゲス王はお前に、この子がなるべく早く死ぬよう、一番人気のない山中へ捨ててこいと命じておられる」

ミトラダテスは、その子が美しい衣服を着ていることから、すぐに高貴な生まれであることを悟ります。ちょうど同じ時期、妻のスパコが死産します。自分たちの子どもを失った悲しさと、預かった子どものかわいらしさから、2人はその子を捨てずに育てる決断をします。代わりに、自分たちの子を森に捨てることにしました。ちなみに、メディア語で犬のことを「スパカ」と言います。ここから、キュロスが牝犬に育てられたという伝説が生まれたそうです。

ところがその子が10歳になったとき、この事実が発覚します。子ども同士で遊んでいる最中、貴族の子が殴られるという喧嘩騒ぎがありました。それを知ったアステュアゲス王は、貴族の顔を立てるために殴った子を呼びつけます。貧しい牛飼いの子と聞いていたのですが、それが10年前に自分がハルパゴスに殺害を命じたはずのマンダネの子だったのです。

驚き、激怒したアステュアゲス王は、ハルパゴスに苛烈な罰を与えます。ひそかにハルパゴスの子どもを殺し、宴を開いて当人にその子どもの肉を振る舞ったのです。

一方、マンダネとカンビュセスの夫婦は子どもの生存を知って狂喜します。さっそく自分たちのもとに引き取り、育てることにしました。以降、子どもはキュロスとしてペルシアで立派に成長していきます。

それを待っていたのがハルパゴスです。アステュアゲス王に対する恨みを晴らすべく、報復の計画を練っていました。国内で同じく王に反感を抱く者を募った上で、ペルシアのキュロスに以下のような手紙を送って挙兵を促したのです。

「お前を殺そうとしたアステュアゲス王に報復するときが来た。今こそペルシア人を決起させせよ」

これに呼応したキュロスは、メディアへの進軍を開始します。それに対してメディア軍の部隊は、ハルパゴスの計画どおり次々と離反しました。内外に敵を抱えたアステュアゲス王は、当然ながら完敗します。これによりメディア王国は滅亡し、代わってペルシアがアジア全土を掌握するのです。キュロスがペルシア人の一部族であるアケメネス家の子孫とされていることから、この国はアケメネス朝ペルシアと呼ばれます。紀元前５４９年のことでした。

リュディア王国の滅亡

隆盛著しいアケメネス朝ペルシアの存在は、隣のリュディア王国のクロイソス王にとって大きな脅威でした。そこでクロイソス王は、５代前のギュゲスと同様、多数の奉納品とともにデルポイに神託を乞います。そのお告げは、「クロイソスがペルシアに出兵すれば、大帝国を滅ぼすことになろう」として、ギリシャの中で最強の国と同盟せよ、というものでした。

後でわかることですが、神託にある「大帝国」とはリュディア王国のことを指します。しかしクロイソス王はこれをペルシアと解釈し、同国と戦火を開く道を選びます。

その結果、逆に首都サルディスにまで攻め込まれ、善戦はしたものの14日後に陥落しました。これが紀元前５４６年のリュディア王国の滅亡です。ギュゲスの時代の「５代先に報復が待っている」という宣託は、そのとおり実現されたわけです。

クロイソス王は見せしめとして火あぶりにされるところでしたが、奇跡的な大雨で火が消され、命をつなぎます。結局、キュロスに許され、腹心として招かれることになりました。

リュディア王国が消滅したことで、点在していたギリシャの植民市もほぼペルシアに併合されました。市民ごと土地を放棄して移住する都市もありましたが、果敢に抵抗して隷従させられた都市もあります。市民がすべて奴隷として売られた都市もありました。ちなみにこのとき、旧リュディア王国の地でペルシア側の総司令官として指揮を執ったのがハルパゴスでした。

エジプトもペルシア帝国の傘下に

キュロスはリュディア王国に勝利したことで、ギリシャの植民市も含めてアナトリア半島の全域を支配します。またその勢いのまま、新バビロニア王国の巨大な首都バビロンも陥落させました。つまり分立していた四王国のうち、エジプトを除く三王国を統一したわけです。

しかしその後、キュロスはスキュタイ人と同系統の勇猛な民族マッサゲタイ人との戦闘中に落命します。マッサゲタイ人の女王トミュリスには、息子をペルシア側に謀殺された恨みがありました。キュロスの遺体を見つけて首をはね、それを人血で満たした革袋に沈めて、「そなたを血に飽かせてやろう」と語ったそうです。

もっとも、キュロスは統治権の一部をすでに息子のカンビュセスに移譲していたため、帝国の運営に支障はありません。むしろカンビュセスは、版図をさらにエジプトまで拡大しようと画策します。

ちなみに『歴史』では、エジプトの歴史や地理、政治、習俗などについてきわめて膨大かつ詳細に記述しています。ヘロドトス自身が足を運び、見聞してきたことの証左です。本書では割愛しますが、同書はペルシア戦争のみならず、古代世界の実情を今日に伝える意味でも貴重な文献であることを覚えておいて損はないでしょう。

それはともかく、カンビュセス王がエジプト遠征に着手したのは、自身の政略結婚をめぐるボタンの掛け違えが原因でした。当時のエジプト王アマシスは、先王アプリエスから下剋上で王位を簒奪しました。カンビュセスは、そのアマシスに娘を娶りたいとの使者を送ります。アマシスはこの申し出を、王妃としてではなく妾にするためと考え、自分の娘ではなく先王アプリエスの娘ニテティスを自分の娘と偽ってペルシアに送りました。

しかし、ニテティスにとってアマシスは実父の敵です。そこでカンビュセスに対し、早々に真実を告げてしまうのです。これを聞いたカンビュセスは愚弄されたと激怒し、エジプト遠征を決めたわけです。

これに対してエジプト側は、同盟関係にあったギリシャから援軍があれば撃退できると考えていたようです。ところが、駆けつけたギリシャ軍の傭兵隊長がアマシスのことを快く思っておらず、カンビュセス側に寝返ります。彼に先導される形でエジプトに攻め入ったペルシア軍は、ついに首都メンフィスを陥落させてしまうのです。

これにより、ペルシア帝国は全アジアに加えてエジプトも支配下に置き、いわゆる古代オリエント世界の統一を果たすわけです。

狂気のカンビュセス王

これに気をよくしたカンビュセスは、さらに3つの遠征計画を立てます。フェニキア人の植民地カルタゴ（現チュニジア）、エチオピア、それに砂漠の都市アンマンがそのターゲットです。ところが、いずれも大失敗に終わりました。

このあたりから、カンビュセスの精神異常が顕著になっていきます。ペルシア人民が王のことをどう思っているかを占うとして、側近プレクサスペスの子どもを矢で射抜いて殺してしまう。罪もないペルシア人12名の首から下を埋めて殺してしまう。実弟スメルディスに王位を簒奪される夢を見たとして、プレクサスペスに命じて暗殺する。これをなじった実の妹も殺害する、等々です。あるいは余興として、他国人の墓を暴いたり、神殿を愚弄して破壊したりといったことも茶飯事でした。

こうした狂態が広く知られるようになると、当然ながら謀反の気運が高まります。これに乗じたのが、神官であるマゴス僧の兄弟です。

もともと兄はカンビュセス王の側近で、王がエジプトへ遠征している間の留守居役を任されていました。また弟は、先に殺害された王の実弟スメルディスに瓜二つで、しかも名前まで「スメルディス」でした。

そこで兄は弟を玉座に座らせ、こう宣言します。

「これからはカンビュセス様ではなく、スメルディス様の命令を聞くように」

かなり短絡的な謀反ですが、これがうまくいってしまうのです。エジプトでこの一件を伝え聞いたカンビュセス王は、弟を殺した神罰が下ったと考えてひどく傷心し、そのままある傷を壊疽させて亡くなります。在位期間は7年5カ月でした。

もちろん、マゴス僧の兄弟の陰謀は早々に露呈します。ここで立ち上がったのが、ペルシア生まれの賢者オタネスです。彼は6人の信頼できる仲間を募り、計7人で王宮に侵入して兄弟を暗殺します。その中に、次のペルシア王位に就くダレイオスも含まれていました。

ペルシアの国民も彼らの行動を知り、まったく関係ない市中のマゴス僧まで次々と虐殺していきました。さらにその日を「マゴポニア（マゴス殺しの祭）」と定め、毎年盛大に祝ったそうです。

民主制か寡頭制か独裁制か

問題はペルシア帝国の行く末です。カンビュセス王に子どもはいなかったので、誰かを政治リーダーとして立て、新たな政治体制を確立する必要がありました。

オタネスを中心とする7人は、これについて協議します。政治体制として候補に挙がったのは、民主制、寡頭制、独裁制の3つ。三者が三様の議論を繰り広げます。最初は完全なる民主制を主張するオタネスで、「独裁者を作ってはならぬ」として以下のように持論を展開します。

「諸子はカンビュセス王がいかに暴虐の限りをつくしたかを御承知であり、またマゴスの暴虐ぶりは身をもって知られたとおりだからだ。何らの責任を負うことなく思いのままに行うことのできる独裁制が、どうして秩序ある国制たりうるであろう。このような政体にあっては、この世で最もすぐれた人物ですら、いったん君主の地位に坐れば、かつての心情を忘れてしまう。現在の栄耀栄華によって驕慢の心が生じるからで、さらには人間に生得の嫉妬心というものがある。この二つの弱点をもつことにより、独裁者はあらゆる悪徳を身に具えることになるのだ。（略）本来ならば独裁者は、世のあらゆる幸福に恵まれ、人を羨む心などをもつはずはないのであるが、現実には彼の国民に対する態度は全くそれとはうらはらとなる。（略）独裁者というものは、ほどほどに讃めておくと仕え方が足らぬといって機嫌を損ねるし、余り大切に扱いすぎれば、へつらい者としてやはり不興を買う。

（略）独裁者というものは父祖伝来の風習を破壊し、女を犯し、裁きを経ずして人命を奪うことだ。それに対して大衆による統治は第一に、万民同権という世にも美わしい名目を具えており、第二には独裁者の行なうようなことは一切行なわぬということがある。職務の管掌は抽籤により、役人は責任をもって職務に当り、あらゆる国政は公論によって決せられる。

されば私としては、独裁制を断念して大衆の主権を確立すべしとの意見をここに提出する。万事は多数者にかかっているからだ」

次に、仲間の1人であるメガビュゾスが寡頭制を主張します。

「オタネスが独裁制を廃するといったのにはまったく同意見であるが、主権を民衆に委ねよというのは、最善の見解とは申せまい。何の用にも立たぬ大衆ほど愚劣でしかも横着なものはない。従って独裁者の悪虐を免れんとして、凶暴な民衆の暴戻《ぼうれい》の手に陥るというがごときは、断じて忍び得ることではない。（略）もともと何が正当であるかを教えられもせず、自ら悟る能力もない者が、そのような自覚をもち得るわけがないではないか。さながら奔流する河にも似て思慮もなくただがむしゃらにかかって国事を押し進めてゆくばかりだ。（略）われらは最も優れた人材の一群を選抜し、これに主権を賦与しよう。もとよりわれら自身も、その数に入るはずであり、最もすぐれた政策が最もすぐれた人間によって行われることは当然の理なのだ」

そして最後に、ダレイオスが独裁制のメリットを説きます。

「私はメガビュゾスが大衆についていわれたことはもっともと思うが、寡頭政治についての発言は正しくないと思う。すなわちここに提起された三つの政体——民主制、寡頭制、独裁制がそれぞれの最善の姿にあると仮定した場合、私は最後のものが他の二者よりも遥かに優れていると断言する。最も優れたただ1人の人物による統治よりもすぐれた体制が出現するとは考えられぬからで、そのような人物ならば、その卓抜な識見を発揮して民衆を見事に治めるであろうし、また敵に対する謀略にしても、このような体制下で最もよくその秘密が保持されるであろう。しかし寡頭制にあっては、（略）各人はいずれも自分が首脳者となり、自分の意見を通そうとする結果、互いに激しくいがみ合うことになり、そこから内紛が生じ、内紛は流血を呼び、流血を経て独裁制に決着する。

（略）一方民主制の場合には、悪のはびこることが避け難い。（略）国家に悪事を働く者たちは結託してこれを行うからだ。民衆を扇動して国家に悪を為し、自らを僭主の地位へと押し上げるべく民衆指導者の類が登場する。この男が民衆にあおがれ結局独裁者となっていくのだ。はじめからすぐれた指導者を選ぶことが最善の途であることは明らかではないか」

こうした議論の末、7人のうち4人がダレイオスの推す独裁制を選びました。オタネスは「自分は支配することも支配されることも本意ではない」として王の候補になることを辞退し、「その代わり、自分はもちろん、自分の子孫もここにいる誰かの支配を受けないことを約束してほしい」と言い残してその場を去ります。

この議論を通じてヘロドトスが描きたかったのは、独裁制への嫌悪だと思います。当時、アテナイでは長く僭主として君臨したペイシストラトス一族を追放し、新たな民主制国家を建設した矢先でした。東西対決という『歴史』の主題を明確にするために両者を対比させつつ、結局は民主制が勝つのだと力説したかったのではないでしょうか。

ダレイオス王の誕生

次の課題は、王を誰にするかということです。残った6人のうちから選ぶことは合意し、選出方法としてある種の〝ゲーム〟を設定します。6人全員が騎乗して遠出し、日の出とともに一番最初に嘶《いなな》いた馬の持ち主が王位に就くことにしたのです。

ここで、ダレイオスは密かに一計を案じます。機転の利く馬丁を呼び、自分の馬が真っ先に嘶くように工夫せよと命じたのです。馬丁は、ダレイオスの馬がもっとも気に入っている牝馬を連れ出し、遠出の道中で出会うように仕向けました。

思惑どおりダイオレスの馬は牝馬を見て嘶き、その瞬間に稲妻が閃いて雷鳴が轟いたそうです。キュロス、カンビュセスと続いたペルシア帝国の新しい王は、こうしてダレイオスに決定しました。

その就任早々、最初に行ったのは、自身のレリーフを作らせることだったそうです。そこには騎馬の人物像とともに、以下の碑銘が刻まれました。

「ヒュスタスペスが一子ダレイオス、馬と馬丁の功績によって、ペルシアの王位を得たり」

また先々代の王であるキュロスの娘2人をはじめ、先代王カンビュセスの弟で暗殺されたスメルディスの娘、それに賢人オタネスの娘も娶りました。婚姻関係の拡充により、ダレイオスの威光はペルシア全土に行き渡ります。

『歴史』ではさらに、強権を手にしたダレイオスが、広大なペルシア帝国を国家として整備していく様子が詳細に語られます。当時の行政のあり方を知る上で、貴重な資料になっているわけです。ここまでが、全9巻のうち1巻~3巻までの内容です。

ギリシャの植民市ミレトスの反乱

4巻以降は、ペルシア帝国内で権力基盤を確立したダレイオスが、未征服の地であるヨーロッパやリビア（北アフリカ）へ触手を伸ばしていく様子が描かれます。そして5巻からは、ペルシア戦争に直接的に関連する事件やエピソードが始まります。ペルシアとギリシャとの戦火がどのように始まったか、その経緯を詳述しています。

先にも述べましたが、アナトリア半島の海岸線沿いには、もともとギリシャ系民族の植民市が点在していました。彼らは「イオニア人」と呼ばれています。その地域も支配下に入れたダレイオスは、彼らに交易を制限するなどの無理難題を押しつけます。彼らも最初のうちは服従していましたが、しだいに反感を募らせるようになります。

そういう気運を背景として、さらに戦争に至るプロセスには、複数の為政者の思惑や駆け引きが絡み合っていたようです。

植民市の1つに、ミレトスがありました。そこにはヒスティアイオスというイオニア人の独裁者がいましたが、ダレイオス王に気に入られ、その居城がある首都スサ（現イラン南西部）に召喚されて側近として仕えることになります。ヒスティアイオスは、ミレトスの為政を自身の従兄弟で娘婿であるアリスタゴラスに託しました。

ちょうど同じころ、やはりギリシャの植民市があるエーゲ海のナクソス島で内紛が発生し、資産階級の人々が追放されてミレトスに亡命するという出来事がありました。アリスタゴラスは、彼らの支援にかこつけてナクソスの支配権まで奪取しようと画策します。そのため、ペルシア帝国のアナトリア半島地域の長官だったアルタプレネス（ダレイオス王の腹違いの弟）にも協力を取りつけました。

ところが自身の傲慢さが災いし、アリスタゴラスはナクソス侵攻に失敗します。このままではペルシア帝国から責任を問われることは必至で、たちまち窮地に陥ったわけです。そのとき彼のもとに、スサにいるヒスティアイオスが送り出した密使が現れます。そのメッセージは「ダレイオス王に叛け」でした。

ヒスティアイオスとしては、窮地の従兄弟を救うというより、自身がミレトスへ帰還できる

図表2-2　ペルシア戦争関連年表

年	出来事	動き
BC 499	イオニアの反乱	アテナイ・イオニア諸国側対ペルシア
BC 492	マルドニオスの侵攻	ダレイオス１世がマルドニオス率いる部隊をギリシャに派遣
BC 490	マラトンの戦い	ダレイオス１世による第2回ギリシャ遠征。アテナイ・プラタイア連合対ペルシア
BC 480	テルモピュライの戦い	クセルクセス（ダレイオス1世の息子）によるギリシャ遠征。スパルタ王レオニダス1世「スパルタ300人隊」による抵抗。アテナイ陥落
	アルテミシオンの海戦	スパルタのエウリュビアデス率いるギリシャ軍とペルシア軍の海戦
	オリンピック開催	
	サラミスの海戦	ギリシャ軍の勝利
BC 479	プラタイアの戦い	アテナイとスパルタの連合によるペルシア戦争の最後の戦い。ギリシャ軍の勝利
BC 478	デロス同盟	アテナイ主導による国家間の同盟

チャンスと捉えたようです。同地で反乱が起きれば、鎮圧部隊の長として自分が派遣され、そのまま独裁者の地位に復帰できるというシナリオです。

一方のアリスタゴラスとしても、このまま処分を待つくらいなら、ペルシアからの独立を目指すことが唯一の安全策と考えました。そこでヨーロッパ側から支援を得ようとスパルタへ向かいますが、あっさり追い出されます。その次に向かったのが、アテナイです。これが、ペルシア戦争への前哨となりました。

民主制へ移行したアテナイ

ちょうどそのころ、ギリシャのアテナイでもまったく別の物語が進行していました。長く独裁的な僭主として君臨していたペイシストラトス一族を追い出し、民主制へ移行しようとしていたのです。

追い出されたペイシストラトス一族の当主ヒッピアスは、スパルタに助けを求めます。当時のスパルタは、ギリシャ世界の盟主を自任していました。民主制を手にして日増しに国力を高めているアテナイの存在は、彼らにとっても面白くありません。そこでヒッピアスと手を組み、周辺の同盟国に対し、ともにアテナイに圧力をかけて彼を元の独裁者の地位に戻すべきだと呼びかけます。

周辺の同盟国は、本音では反対ながら、強国スパルタには逆らえずに沈黙を守ったそうです。これが、当時のギリシャ社会の空気だったのでしょう。しかし同盟国の1つであり、ペロポネソス半島の北東端に位置するコリントスだけは、沈黙を破って反対の意思を表明します。かつて自国に君臨した独裁者が多数の市民を迫害したり、生命を奪ったりした経験を語った後、以下のように続けました。

「スパルタの方々よ、貴国は自分の国では独裁者が生まれてこないよう、細心の注意をしてなさる。それが他国に独裁者を立てようといわれる。独裁者の政治というのは、こういうものじゃ。ギリシアの国々に独裁制を敷こうなどと考えてくださるな。敢えてヒッピアスを復帰させようとするならば、コリントスは貴国の行動を是認せぬことをご承知願いたい」

これを機に、沈黙していた同盟各国も反対に転じます。スパルタとヒッピアスの策略は、ここで頓挫しました。

しかしヒッピアスは諦めません。次に頼ったのが、ペルシア帝国でした。先にミレトスの独裁者アリスタゴラスがナクソス侵攻の際に共闘を持ちかけたアナトリア半島地域の長官アルタプレネスのもとを訪れ、アテナイを中傷し、侵攻してダレイオス王と自分の支配下に置くべきだと進言したのです。

ヒッピアスの策謀を知ったアテナイは、アルタプレネスに使者を送ります。ところがアルタプレネスは、「アテナイが安全を願うならば、ヒッピアスを復帰させよ」と要求します。アテナイがそれを拒絶すると、両者の対立は決定的になりました。

ペルシア戦争の始まり——マラトンの戦い

スパルタを発ったミレトスのアリスタゴラスがアテナイに到着したのは、ちょうどそのタイミングでした。アテナイはアリスタゴラスに説き伏せられ、軍船20隻をイオニア人への援軍として派遣することを決議します。ここから、アテナイ・イオニア諸国側とペルシア帝国による軍事衝突が勃発するわけです。

当初こそ、戦況は奇襲をかけたアテナイ・イオニア側が優勢でした。ペルシア側のアナトリア半島の拠点サルディス（旧リュディア王国の首都）を占拠すると、すべて焼き尽くしたほどです。ダレイオス王は悔しさのあまり、近習の1人に「食事のたびに『殿、アテナイ人を忘れたもうな』と3回言え」と命じたそうです。

しかし国力で圧倒的に勝るペルシアは、ここから挽回します。結局、侵攻してきたアテナイ・イオニア軍は鎮圧され、アリスタゴラスも撤退中に討たれました。従兄弟のヒスティアイオスも逃走中に捕らえられ、その胴体は磔に、首は塩漬けにされてダレイオス王のもとに送られたそうです。事の発端となったミレトスは完全にペルシア軍に制圧され、全市民が奴隷にされました。

ペルシア軍はさらに反転攻勢に出ます。ギリシャ系の植民市があるアナトリア半島沖の島々を次々と攻略しては焼き払い、美貌の少年を選んで去勢し、器量のいい少女をダレイオス王のいる宮廷に送りました。またアジアとヨーロッパの境界線であるヘレースポントス一帯（ダーダネルス海峡付近）も制圧します。その上でギリシャの諸都市に使節を派遣し、ダレイオス王への隷属を命じると、いずれもこぞって服従しました。

ダレイオス王の目的はアテナイへの侵攻です。アナトリア半島地域の長官アルタプレネスが大軍の総大将を務め、アテナイ周辺の地勢に詳しいヒッピアスがその軍隊を先導しました。そのヒッピアスが布陣の場として選んだのが、アテナイ北西部に位置するマラトンです。

一方アテナイでは、迫り来るペルシア軍に対し、交戦か否かで意見が真っ二つに分かれます。しかし、アテナイ将軍の1人であるミルティアデスが以下のように主戦論を展開し、国論を1つにまとめました。

「今やアテナイは建国以来最大の危機に瀕している。かりに屈するようなことがあれば、ヒッピアスの手に委ねられることは必定で、その結果どのような目に遭わねばならぬかは

図表2-3　ペルシア戦争関連地図

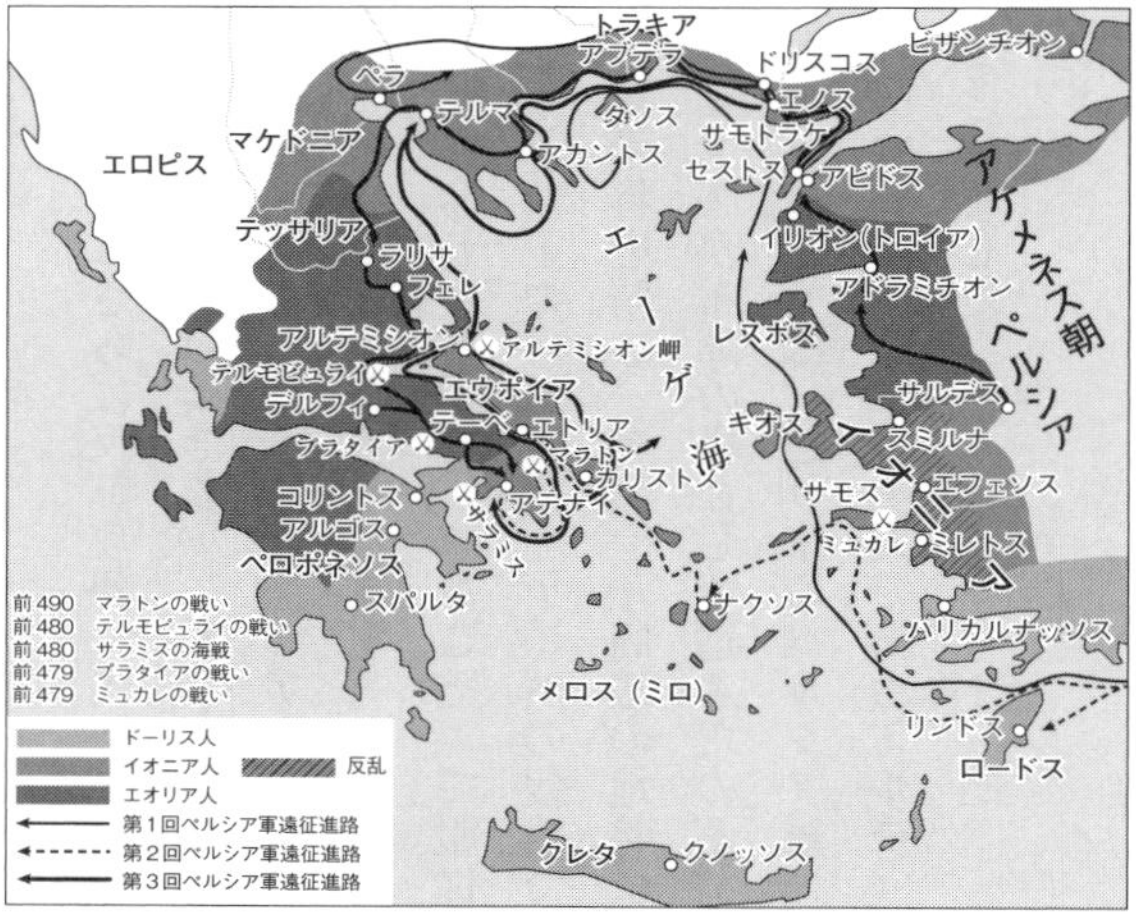

明白であり、またもしわが国が安泰を保つことを得れば、ギリシア諸国の中の第一等の国になることができるのだ。（略）もしわれらが戦わぬならば、必ずやわが国に激しい内部分裂が起ってアテナイ国民の士気を動揺せしめ、その結果はペルシアに屈することとなるに違いない。しかしながらもしわれらが幾人かのアテナイ人が不心得な考えを抱くような事態になる以前に戦いを交えるならば、神々が公平であられる限り、われらは戦って勝ちを制することができる（略）」

かくしてアテナイ軍は、諸都市の中で唯一援軍に駆けつけたプラタイアの軍とともにマラトンへ進軍します。ここから、ペルシア戦争の最初の大きな戦いである「マラトンの戦い」が始まるわけです。紀元前490年のことでした。

兵力も兵器も劣るアテナイ・プラタイアの連合軍は、戦線の幅をペルシア軍に合わせるとともに、中央部分を薄く、左右両翼を手厚くするように布陣します。ペルシア軍が中央突破を試みたところで、左右から挟み込む形で対抗する作戦です。これが奏功して、ペルシア軍は撤退します。

このとき、最大の〝武器〟となったのは騎馬でも弓でもなく、歩兵の駆け足による突撃でした。これは従来の戦争ではなかった攻撃で、戦力的には優位を誇るペルシア軍も意表を突かれたそうです。

海へ逃れたペルシア軍は、作戦を変更し、兵士不在のはずのアテナイを攻撃しようと海路で向かいます。しかし、それを察知したアテナイ軍は陸路を全速力で引き返し、ペルシア軍の襲来より先に帰還を果たします。ペルシア軍はその姿を見て諦め、本国へ帰っていきました。

「マラトンの戦い」は、これで終結します。『歴史』で言えば、6巻の記述です。

大軍を組織してふたたびギリシャ遠征へ

ここから『歴史』の7巻に入ります。

マラトンでの敗戦を受け、ダレイオス王は当然ながら怒り心頭に発します。ただちにアテナイ侵攻の再準備を始めますが、その4年後、支配下にあったエジプトがペルシア帝国から離反します。ダレイオスはエジプト・ギリシャ両方面の討伐に意気込みますが、その翌年に急逝しました。在位は36年でした。

後を継いだ息子クセルクセスは当初、エジプトの奪回に意欲を燃やし、当時辺境だったギリシャにはさほど興味を示しませんでした。しかし、それを翻意させたのが将軍マルドニオスです。ダレイオスの妹の子、つまりクセルクセスにとっては従兄弟にあたる人物で、その後のペルシア戦争で重要な役割を果たすことになります。

マルドニオスには、アテナイに固執する理由がありました。「マラトンの戦い」より前、大艦隊を率いてアテナイへ遠征した際に、突然の北風に煽られて300隻の艦船と2万人の兵士を失うという惨事を経験していました。だから当人としては、捲土重来を期する気持ちが強かったわけです。

その意を汲んで、クセルクセスはギリシャ遠征を決意します。準備のためにさらに4年を費やし、空前の規模の艦船と兵力を揃えました。艦船は4000隻以上、海兵は50万人以上、さらに陸上部隊は歩兵が170万人、騎兵が8万人。そこに、アラビアのラクダ部隊、リビアの戦車部隊の合計2万人、ヨーロッパで徴用された陸海の兵力数十万人も加わっていたそうです。これだけの大部隊のため、行く先々で飲料のために使われた川の水が枯れ果てた、という伝説も残っています。

一方、ギリシャ側にはふたたび戦慄が走ります。アテナイは「デルポイの神託」を乞うと、巫女から以下の言葉を伝えられます。

「土地ことごとく敵の手に落ちるとき、木の砦、唯一不落の累となり、汝と汝の子らを救うであろう。陸路迫りくる大軍を安閑として待ってはならぬ。背を翻して退避せよ。やがてまた反撃に立ち向かうときもあろうぞ。聖なるサラミス、その採り入れのときに、そなたはなんじの敵を滅ぼすであろう」

このころ、アテナイにはテミストクレスという政治家・軍人がいました。以前から海軍の増強を主導してきた人物でしたが、この神託の「木の砦、唯一不落の累となり」の部分を「海戦の準備をすべし」と読み解き、支持を集めます。迫り来るペルシア帝国の大軍に備え、市民に家を捨てさせ、家財とともに船に乗せて海上へ避難させたのです。

またこのとき、周辺の諸都市から代表者がアテナイに集まり、ギリシャとして一致団結して戦うことを誓約します。その中には、アテナイと双璧をなす有力都市スパルタも含まれていました。

テルモピュライの戦い

やがて、ペルシア軍はギリシャ中央部、マリアコス湾に近いトラキスに到着します。対するギリシャ軍は、その西側に位置するテルモピュライに陣取ります。そこはギリシャの南北を結ぶ幹線道路が通る場所でしたが、急峻な山とマリアコス湾に挟まれた隘路でもありました。つまり防衛上の要衝だったわけです。

ここでギリシャ軍の指揮を執ったのが、スパルタの王レオニダスです。ちょうどこのとき、地元スパルタは祭の真っ最中でした。その期間中は軍隊の活動を休止するのが習わしでしたが、それを口実に参戦を控えると、他の諸都市からスパルタはペルシア軍に怖気づいたと思われかねません。それは名誉の問題だけではなく、諸都市の士気の低下やペルシアへの寝返りにもつながります。

そこでレオニダスは、跡継ぎがいるスパルタの男たちの中から、自身を含めて選りすぐりの精鋭300人の部隊を編成し、戦場の最前線へ赴きます。彼らが、後に「スパルタ300人隊」として後世まで語り継がれることになるのです。

一方、質量ともに圧倒的な優位を誇るペルシア軍のクセルクセスは、布陣から戦闘開始まで間を置きます。その威容を見せるだけで、ギリシャ軍が怯えて戦わずに逃走すると考えたからです。

しかしギリシャ軍は動かず、5日後にしびれを切らすようにペルシア軍から攻撃を仕掛けます。こうして「マラトンの戦い」から10年後の紀元前480年、「テルモピュライの戦い」が始まりました。

圧倒的な人海戦術で押し寄せるペルシア軍に対し、ギリシャ軍のレオニダスは隘路に誘い込んでは押し返すという、テルモピュライの地の利を活かした作戦で善戦します。そのため、戦闘は膠着状態に陥りました。

この戦況を変えたのが、地元出身の人物による裏切りでした。報奨金を目当てに、ペルシア軍にテルモピュライの間道を教え、対峙するギリシャ軍の背後へ回れるようにしたのです。ギリシャ軍もこの動きを察知しますが、もともと多勢に無勢な上、隘路で前後から攻撃を受ければ死を待つのみです。兵士は一気に浮足立ちました。

しかし、ここでレオニダスは重大な決断をします。諸都市の部隊を解散し、それぞれ帰参させたのです。残ったのはスパルタの300人の他、有志部隊など1000~2000人ほどでした。彼らも任を放棄して退却または降伏することは可能でしたが、それを潔しとしなかったのです。

もちろん、彼らに勝機はありません。それでも徹底的に抵抗し、槍や剣が折れた後も素手や歯で戦い続けたと言われています。むしろペルシア軍側がこの白兵戦に恐れをなして後退し、最後は弓矢による攻撃に切り替えたほどでした。その飛矢は天を覆うほど膨大だったそうです。結局、レオニダスをはじめとするギリシャ軍のほぼ全員が討ち死にします。しかしペルシア軍の被害も甚大で、10倍近い2万人が戦死したと言われています。

戦死者は、テルモピュライに埋葬されました。ギリシャ軍の墓碑の他にスパルタ兵のための墓碑が建てられ、そこには以下の碑銘が刻まれました。

「旅人よ、スパルタびとに伝えるがよい
　掟のままに果てしわれらの眠るところぞ」

アルテミシオンの海戦

テルモピュライの戦いとまったく同時期、ギリシャ軍とペルシア軍は海上でも対峙していました。場所がギリシャ本土の東側、エウリポス海峡を挟んだエウボイア島の北にあるアルテミシオン海峡だったことから、「アルテミシオンの海戦」と呼ばれています。

ギリシャ軍側の規模は、アテナイの127隻を筆頭に都合300隻ほど。しかし全軍の指揮を執ったのはアテナイではなく、スパルタのエウリュビアデスでした。当時のギリシャ世界の盟主がスパルタであり、アテナイ人がトップに立つと他の諸都市が反感を持ち、離反する可能性が高かったからです。

ただし、この一戦を演出したのはアテナイです。開戦前、1000隻を超す大艦隊のペルシア軍に直面したギリシャ軍は、勝ち目はないと見て撤退を検討します。エウボイア島を放棄し、〝本土決戦〟に備えようというわけです。

これに困ったのが、エウボイア島の住民たちです。そこで彼らは、かつてアテナイ市民を海上へ避難させることを提唱したアテナイの軍人テミストクレスに相談を持ちかけます。撤退せずに戦うなら30タラントン（通貨単位）を支払う、というものでした。

テミストクレスはこれを受け取り、そのうち5タラントンを、あたかも自腹を切るように装ってエウリュビアデスに提供します。また、都市国家の1つであるコリントスから参加し、撤退論を展開していた有力軍人にも3タラントンを贈って翻意を促しました。これにより、ギリシャ軍はアルテミシオンに留まることになったそうです。

一方、ペルシア軍は一計を案じます。艦隊の一部をエウボイア島の東側から南下させ、島の南端からエウリポス海峡を北上させた上で、アルテミシオン海峡でギリシャ軍を挟み撃ちにしようというわけです。

ところが、この作戦は裏目に出ます。ちょうどその夜に嵐が吹き荒れ、狭いエウリポス海峡を航行中の艦船は軒並み座礁したのです。この報を聞き、低迷していたギリシャ軍の士気は一気に上がりました。しかしこの一件は、待機中のペルシア軍本体にも火をつけます。クセルクセス王の不興を買うことを恐れ、積極果敢な攻撃に転じたのです。

両軍が激突したのは、ちょうど陸上でテルモピュライの戦いが行われている日でもありました。数の上ではペルシア軍が圧倒的に有利でしたが、あまりの多さに戦列が乱れ、味方同士が衝突することもあったそうです。もちろんギリシャ軍側の被害も大きく、主力であるアテナイの艦隊は半数が損傷しました。それでも善戦したことは間違いないでしょう。

決着は、陸上からもたらされます。ギリシャ軍は事前の取り決めで、陸戦部隊と海戦部隊が連携し、劣勢になれば互いに助け合うことになっていました。しかしテルモピュライでのレオニダスの戦死とスパルタ隊の全滅を知り、海戦部隊もアルテミシオンから撤退することに決めたのです。

アテナイ陥落とサラミス海戦

こうして陸海の大きな戦いが終わったとき、クセルクセス王はテルモピュライにいました。ちょうどそのころ、ギリシャの都市国家の1つであるオリンピアではオリンピックの祭典が開かれていました。人々が体育や馬術の腕前を競い、勝者にはオリーブの枝で編んだ冠が与えられます。それを聞いたクセルクセスは、こう言って驚いたそうです。

「なんたる人間であるか。金でなく栄誉のために戦うのがギリシア人か」

しかし、クセルクセスが侵攻の手を緩めることはありません。大きな関門を突破したことで、大軍をそのまま南下させ、アテナイを目指します。途中の諸都市は次々と焼き払い、掠奪を繰り返しました。抵抗する都市や人は皆無だったそうです。

一方、アルテミシオンから撤退したギリシャ軍は、アテナイの西方にあるサラミス島へ向かいました。アテナイ市民をこの島へ避難させ、防御を固めるためです。他の諸都市からも援軍が駆けつけたため、サラミスにはアルテミシオンよりも多い約380隻の艦船が集結しました。

その結果、ペルシア軍がアテナイへ達したときには、すでにほとんどの市民が避難した後でした。クセルクセスは、かつてイオニア地域で反乱が起きた際にアナトリア半島の拠点サルディスに火をかけられた意趣返しとばかり、アテナイを象徴するアクロポリスを焼き払います。当時建造中だったとされる有名な「パルテノン神殿」も、このときに一旦焼失しました。アテナイは、あっさり陥落したわけです。

この事実がサラミス島に伝わると、一同の間で一気に緊張感が高まります。いかに失地を挽回するか、諸都市の軍の代表者の間で議論が戦わされました。

スパルタを含むペロポネソス半島の諸都市は、次の侵攻のターゲットが同半島になると想定し、その手前にあるコリントス地峡に陸海の部隊を結集すべきと主張します。しかしそれは、サラミス島を放棄することを意味します。避難しているアテナイ人の多大な犠牲は避けられません。

そこでアテナイの軍人テミストクレスは、以下のようにサラミス島に留まって戦うべきだと反論しました。

「地峡付近で交戦すれば、海戦は大海で行われることになる。船数に劣るわれらは大いに不利である。しかるにもし狭い海域で戦えば戦況はわれらに有利になるに違いない。敵は互いに混乱して自滅するのだ。ペロポネソスの諸君の主張はそなたらの利益にもならない。なぜならば、船団を地峡に集結すれば、敵が陸兵もそこへ向かわせることは必定。わざわざペロポネソスへと敵を招き入れるような愚かなことは行うべきでない。もしサラミスに留まり、この狭い海峡に敵を引き入れ地の利を生かして戦ったとしよう。もしわれらが勝った場合、敵は海軍力を失い、よもや陸兵のみでペロポネソスへと進軍することはしまい。アッティカから自国へと撤収するに違いない。サラミスに留まることが理に適うのである」

その場で結論は出ませんでしたが、テミストクレスはさらに次の一手を打ちます。ペルシア軍のクセルクセスに密使を送り、ギリシャ艦隊が混乱してコリントス地峡まで撤退しようとしていると告げたのです。手薄になるサラミス島を攻撃するよう仕向けるとともに、敗戦した場合に備えてペルシア側に媚を売るためだったとも言われています。

この情報に呼応し、ペルシア軍はサラミス島周辺の海域に結集します。それを知ったギリシャ軍も、サラミス島に留まらざるを得なくなります。こうして「サラミスの海戦」が始まるわけです。

艦船の数はペルシア軍側が約2倍でしたが、結果的にはギリシャ軍側が圧勝します。ペルシア軍の艦船が２００隻以上損傷したのに対し、ギリシャ軍側の損害は40隻程度だったと言われています。ギリシャ本土との間にある狭いサラミス水道が決戦の舞台となり、ペルシア軍は多民族による大艦隊であるがゆえに身動きも統率も取れなくなったことが大きな原因のようです。ギリシャ軍側の作戦勝ちと言えるでしょう。

この海戦の一部始終を見ていたクセルクセスは、敗戦を悟ると、ペルシア帝国の首都スサへ帰還します。ギリシャには、主戦論者の将軍マルドニオスが30万の兵とともに残されました。

プラタイアの戦い

軍隊を任されたマルドニオスは、一旦ギリシャ本土中部のテッサリアまで退却します。その上で、あらためてアテナイへ使者を送りました。サラミスの海戦で大敗を喫したとはいえ、ペルシア側の軍事力の圧倒的優位は変わりません。そこで、帝国の軍門に下ればこれまでのことは不問に付すと提示したのです。ただし、軍隊をふたたび南下させる構えも見せていました。

これに対し、アテナイは断固として拒否する姿勢を示します。市民はまた家を捨て、避難のためにサラミス島へ移動を開始しました。その一方、スパルタをはじめとする諸都市に支援を要請するとともに、市民を守るためにやむを得ずペルシア側に付く可能性も示唆していました。その場合には、ペルシア・アテナイの連合軍でペロポネソス半島を攻める事態にもなりかねないと〝脅し〟をかけたわけです。

そのころ、スパルタではアテナイからの支援要請に曖昧に反応しながら、コリントス地峡に防御のための壁を建設中でした。しかし海上からアテナイの艦隊が攻めてくるとすれば、壁は意味を失います。そこで意を決し、あらためてアテナイと協力してペルシアに対峙することにしたのです。ペルシア側に靡《なび》いていない他の諸都市も、スパルタに続きました。

これにより、ギリシャ軍はアテナイの北西部にあるプラタイアに再結集します。兵数は総勢11万人に達したと言われています。一方、マルドニオスの率いるペルシア軍は、先の30万人とギリシャ側から加わった5万人を合わせて約35万人。両軍は、同地を流れるアソポス川を挟んで対峙します。これが、サラミス海戦の翌年の紀元前479年に起きた、ペルシア戦争の最後の一戦となる「プラタイアの戦い」です。

数の上ではペルシア軍が圧倒的に優勢でしたが、士気の面ではギリシャ軍に分がありました。

それを象徴するエピソードがあります。10日間の膠着状態の後、マルドニオスは事態打開のための作戦会議を開きました。時間が経つにつれ、ギリシャの行く末を憂慮する部隊が続々とギリシャ軍に参集してきたからです。

その席上、有力将校の1人であるアルタバゾスが賄賂による解決を提案します。軍が携行してきた金銀財宝をギリシャ軍の主だった面々に贈って内部から崩壊させようというわけです。逆に言えば、それだけギリシャ軍の結束が強固であり、それがペルシア軍にとって脅威だったということです。

しかしその案は、マルドニオスによって却下されます。するとアルタバゾスは、自身の配下にいる4万人の兵とともに早々に戦列を離れ、そのままペルシアへ帰ったそうです。

本格的な戦闘は、ちょっとした勘違いから始まります。11日目、ペルシア軍が攻撃を開始し、ギリシャ軍が飲料用に使っていた泉を破壊しました。さすがのギリシャ軍も水なしでは戦えないので、その日の夜間にペルシア軍に気づかれぬよう少しだけ後方に下がりました。ただしスパルタ軍だけは、夜陰に乗じる行動を潔しとせず、明け方まで前線に留まります。

その翌日、マルドニオスは眼前にいたギリシャ軍が消えたことを「撤退した」と勘違いし、全軍に渡河と総攻撃を指示します。そこに、最後まで残っていた5万のスパルタ軍が立ちはだかり、壮絶な戦闘が始まるわけです。

圧倒的に少数のスパルタ軍でしたが、重装備で訓練度も士気も高く、ペルシア軍と互角の戦いを繰り広げます。一方のペルシア軍側では、マルドニオス本人が最精鋭の兵士1000人を従えて陣頭で戦い、軍内で最大の戦果を挙げたと言われています。

ところが、マルドニオスはスパルタ兵の投石攻撃によって戦死します。指揮官を失ったペルシア軍は混乱し、しだいに押されるようになりました。特に生粋のペルシア人の部隊が敗走すると、異民族の部隊は一斉に戦意を喪失し、戦うこともなく総崩れになったそうです。ペルシア軍は総勢35万の大軍だったはずですが、全戦力は結局、ペルシア人部隊だけだったのです。

これにより、雌雄はあっさり決しました。ペルシア軍側で帝国まで帰還できた兵士は、アルタバゾスが率いた4万人を除けばわずか3000人弱、一方でギリシャ軍側の戦死者は200人にも達しなかったと言われています。

富める者が貧しい者から奪う愚かさ

プラタイアの戦いにおいてスパルタ軍が躍起となって戦ったのは、先のテルモピュライの戦いで先王レオニダスを失ったことに対する復讐の意味もあったのでしょう。全軍の指揮官パウサニアスはレオニダスの甥であり、レオニダスの息子で現スパルタ王であるプレイスタルコスの後見人でもありました。

『歴史』では、この戦いの締めくくりとして、パウサニアスにまつわる皮肉なエピソードを紹介しています。

　奇跡的な圧勝の後、パウサニアスは敵将マルドニオスが居住していた館を視察に訪れます。そこには、金銀の器物など華麗な調度品が多数置かれていました。帝国の王クセルクセスがサラミスの海戦で敗北後に帰還する際、持参したものをすべてマルドニオスに託したからです。

　余興として、パウサニアスは残っていたパン焼き職人と料理人に、彼らがいつもマルドニオスに提供していた食事を用意させました。金銀のテーブル、豪華な食器に盛りつけられたそれは、山海の珍味で溢れていたそうです。

　さらに戯れとして、今度は自分の従者に故郷スパルタの食事を用意させました。その見すぼらしさと、マルドニオスの食事との格差は一目瞭然です。パウサニアスは他の将校を集め、笑いながらこう述べました。


「ギリシア人諸君、そなたたちに集まってもらったのは外でもない。このような生活をしながらこれほど貧しい暮らしをしているわれわれから物を奪おうとしてやってきた、あのペルシアの指揮官の愚かさを、そなたたちの目の前に示したかったのだ」

第3章

トゥキュディデス『戦史』が描く衆愚のギリシャ

ヘロドトス『歴史』とは対照的な没落の記録

前章で見たとおり、ヘロドトスの『歴史』は、当時世界最大・最先進国のペルシア帝国を、アテナイ・スパルタを中心とするギリシャの都市国家が大同団結して打ち破る壮大な物語でした。そこに描かれていたのは、アテナイで生まれたばかりの民主主義の輝かしさ、若々しさ、力強さです。

たとえば、以下の一節があります。

「かくてアテナイは強大となったのであるが、自由平等ということが、単に1つの点のみならずあらゆる点において、いかに重要なものであるか、ということを実証したのであった。というのも、アテナイが独裁下にあったときは、近隣のどの国をも戦力で凌ぐことができなかったが、独裁者から解放されるや、断然他を圧して最強国となったからである。これによって見るに、圧政下にあったときは、独裁者のために働くのだというので、故意に卑怯な振舞いをしていたのであるが、自由になってからは、各人がそれぞれ自分自身のために働く意欲を燃やしたことが明らかだからである」

これこそ、ヘロドトスがもっとも訴えたかったことでしょう。

ところがその後、ギリシャ世界は一転して混乱と没落の時代を迎えます。盟主の座を巡ってアテナイとスパルタの諍いが激化し、ついには「ペロポネソス戦争」という泥沼の戦争にまで発展します。特に「ペルシア戦争」の勝利で全盛期を迎えたアテナイは、その数十年後に多大な犠牲とともに存亡の危機に直面することになるのです。

その一部始終を克明に記録したのが、ヘロドトスと並び称される古代の歴史家トゥキュディデスによる『戦史』です。そこに描かれているのは、主にアテナイとスパルタとの戦いですが、それは民主制と寡頭制との戦いでもあります。

しかし、実は民主制を貫いたアテナイの内部でも、リーダーの思想や言動によって状況が大きく変化します。私利私欲に走ったリーダーが市民を扇動し、冷静さを失わせ、国家として明らかに間違った道を選択させてしまう。これは民主制の恐ろしさでもありますが、それこそがトゥキュディデスがもっとも訴えたかったことであり、その主張を裏づけるために数々の出来事や戦争について記述したのが『戦史』なのだと思います。

トゥキュディデスはアテナイ人で、ペロポネソス戦争で兵を率いた将軍の1人でもありました。冒頭の記述によれば、戦争開始当初から大事件に発展すると予測し、記録を始めたそうです。しかし戦闘中の失敗の責任を問われて国外追放となり、その後の20年間、アテナイが敗戦国となるまで帰国を許されませんでした。むしろ外部からペロポネソス戦争を観察したからこそ、冷静に一部始終を記録できたのかもしれません。ヘロドトスの『歴史』のような明るさ、快活さはなく、対照的に陰湿な内戦の話が続きますが、できるかぎり正確に記述して後世に役立てようという姿勢がうかがえます。

2大強国に支配されたギリシャ世界

『戦史』は『歴史』と同様に壮大な書物で、後世の学者によって全8巻に分けられました。大著なのですべてを紹介することはできませんが、以下、抜粋して当時のギリシャ世界の推移を追ってみます。

第1巻は、紀元前４７９年のペルシア戦争の勝利から紀元前４３１年に始まるペロポネソス戦争に至るまでの、およそ50年の経緯を記しています。

ギリシャの生い立ちからペルシア戦争の顛末まで語られた後、『歴史』の終盤にも登場したパウサニアスについて描かれます。ペルシア戦争時、ギリシャ連合軍の総司令官だったスパルタ人です。『歴史』では戦勝の立役者でしたが、『戦史』によれば粗暴な人物だったとされています。プラタイアの戦いの後、バルカン半島東端のビザンティオン（現イスタンブール）まで遠征して支配し、戦争指揮者というより僭主のように振る舞うようになっていたらしい。そのため、スパルタを中心とするペロポネソス半島出身の将校以外からは疎まれていたそうです。

その批判の急先鋒が、アナトリア半島南西部にあるイオニア地方の諸国です。彼らはペルシアの支配から解放されたばかりでもあり、スパルタの属国の立場に置かれることを警戒しました。そのため、対抗勢力としてアテナイを盟主と仰いでいました。

そこでスパルタは、パウサニアスを本国に召還して解任し、総司令官の地位をアテナイの人選に委ねます。ここから、ギリシャにおけるアテナイの権力が大幅に増していくことになるのです。

それを象徴するのが、「デロス同盟財務官」という官職です。ペルシア戦争の最後の大規模衝突となった「プラタイアの戦い」で勝利した直後の紀元前478年ごろ、ペルシア帝国からのさらなる侵攻に備え、アテナイの主導で国家間の同盟が締結されます。エーゲ海の南部にあるデロス島に本部となる財務局が置かれたことから、これを「デロス同盟」と言います。この同盟では、軍事力強化のために同盟諸国が年賦金を拠出することになりました。それを徴収・管理するのが財務官の役割ですが、そのすべてのポストをアテナイ人が独占したのです。

一方、スパルタではまったく別の問題が起きていました。国有奴隷と半自由民（ペリオイコイ：奴隷よりは自由だが、市民権を持たない先住民など）が反乱を起こし、山に立て籠もったのです。

スパルタは反乱を鎮圧するため、アテナイを含む同盟諸国に援助を要請します。ところが、駆けつけたアテナイ軍に対してだけは唐突に解任勧告を突きつけ、追い返してしまいます。これに怒ったアテナイ側は、スパルタとの同盟条約を破棄しました。ここから、スパルタを盟主とするペロポネソス諸国による同盟と、アテナイに年賦金を支払うデロス同盟諸国との対立の構図が生まれたのです。

民主制と寡頭制の対立は、貧困層と富裕層の対立でもある

アテナイは年賦金を使って自国軍の強化に努めます。同盟諸国からは徹底的に取り立て、離反すれば軍を派遣して隷属させるという厳しい姿勢でした。特に海軍力の増強に注力し、地中海域での制海権を揺るぎないものにしたのです。

またヘロドトスが『歴史』で称賛したように、その政体は民主制です。同盟諸国に対しても、民主制を植えつけていきました。しかしそれは、かならずしも今日的な意味での民主主義を追求した結果ではありません。

従来の寡頭制の体制を、「民の解放者」という美名のもとに覆すことには大きな財政的メリットがあります。アテナイへの巨額な年賦金を国庫から支払うとすると、その原資は税金です。では、その税金を支払うのは誰かと言えば、その国の特権階級の富裕層です。寡頭制の政治体制では、彼らが政治権力も持っているため、支払いを拒否することもあり得ます。しかし民主制であれば、民衆の圧力で富裕層ほど多くの税金を納めざるを得ません。

つまりアテナイにとっては、民主制の政体が拡散するほど、同盟国の富を収奪することができたわけです。それにより、同盟国とは比較にならないほど国力を高めることになりました。

しかしそのままでは、富裕層が浮かばれません。彼らは、アテナイに対抗し得るスパルタに救いを求めます。スパルタの同盟国なら年賦金の徴収はありません。だから、スパルタの方針に従う傀儡政権の樹立を望んだわけです。

これにより、ギリシャ民族はアテナイを中心とする民主制諸国と、スパルタを盟主とする寡頭制諸国とに二極化していきます。しかしいずれの政体でも、実態はアテナイもしくはスパルタによる傀儡政権に近かったと言えるでしょう。

この状況が、ギリシャ全体に暗雲をもたらします。2大強国の激しい覇権争いは、寡頭制と民主制の激突であり、富裕層と貧困層によるいがみ合いの構図でもありました。また、同盟国の間でも内紛が勃発します。そこにあるのは、奪うか、奪われるかという消耗戦でしかなかったのです。

「ペリクレス時代」の到来

『戦史』の第2巻では、アテナイの政治家・将軍ペリクレスが登場します。彼こそが、民主制のアテナイの最盛期を築き上げた人物です。

ペリクレスが表舞台に現れる前のアテナイは、民主制を敷いているとは言え、まだ旧来の貴族勢力も強い政治権力を持っていました。その中の1人に、将軍職に就いていたキモンという人物がいます。デロス同盟の総指揮官としてペルシア帝国と対峙し、武功を立てた英雄でもありました。

ところが、先に述べたスパルタ国内の反乱時、援軍に駆けつけたアテナイ軍を率いていたのもキモンです。アテナイ軍だけ追い返されるわけですが、もともと周囲の反対を押し切っての行軍だっただけに、この一件で彼は失脚します。紀元前461年には、陶片追放（僭主の出現を防ぐため、その可能性のある人物を投票で決め、追放する制度。陶片にその名を刻んだことから、こう呼ばれる）によって国外退去となりました。

その混乱の中、貴族派と対立する民主派が勢力を持ち、貴族派の権限の収奪に成功します。その民主派の有力メンバーの1人がペリクレスでした。紀元前443年、ペリクレスは将軍に選出され、それから429年まで15年にわたってその職を全うします。その間、貴族派の権限を市民側に移管し、民主化を推し進めてアテナイの全盛期を築いたことから、「ペリクレス時代」とも呼ばれます。

またこのころは、ペルシア帝国の脅威もかなり薄れていました。そこでペリクレスは、デロス同盟の本拠をデロス島からアテナイに移転し、集めた莫大な年賦金をアテナイ国内の発展のために利用するようになりました。その典型例の1つが、今日も現存する有名なパルテノン神

図表3-1　ペロポネソス戦争関連年表

年	出来事	動き
BC 431	アッティカ侵攻	スパルタ（ペロポネソス同盟）のアッティカ（デロス同盟）侵攻
BC 429	ペリクレス死去	アテナイは疫病により、城内の市民6分の1が失われ、ペリクレスも罹患し死去
BC 428	レスボス島事件	島の諸都市がアテナイから離反し、スパルタに支援を求める。クレオンの台頭
BC 427	ケルキュラ島内戦事件	島内のアテナイ親派（民主派）とスパルタ親派（寡頭派）との対立
BC 425	ピュロス・スパクテリアの戦い	アテナイの勝利で、クレオンへの権力が集中
BC 423	トゥキュディデスが陶片追放によって国外退去	トラキア地方を奪われた責任を問われた
BC 422	アンフィポリスの戦い	クレオンがアンフィリポスの奪還のために遠征するも、捕らえられて処刑
BC 421	ニキアスの和約	和平論者ニキアス（アテナイ）とスパルタ王のプレイストアナクスで締結
BC 415	アテナイによるシケリア遠征	スパルタ側の都市シュラクサイの勢力拡大をとめるために遠征。しかし司令官の1人アルキビアデスがスパルタへ寝返る
BC 404	アテナイ降伏	ペロポネソス戦争が終結

殿の建設です。アテナイの権威を高めるとともに、いわば公共事業としてアテナイ市民を豊かにしたことは間違いないでしょう。あるいは演劇や彫刻など文化・芸術分野への支援にも積極的でした。

当然ながら、デロス同盟諸国はアテナイに対して不満を募らせます。中には離脱する国家も現れました。それを支援したのが、もう一方の雄であるスパルタです。ここでアテナイを中心とするデロス同盟と、スパルタを中心とするペロポネソス諸国との対立は決定的となり、紀元前431年からは古代ギリシャ世界全域を巻き込んだペロポネソス戦争へと発展するわけです。

ペリクレスの戦略と死

アテナイの勢力拡大を警戒するスパルタは、得意の陸戦で戦争を仕掛けます。アテナイのあるアッティカ地方に侵攻し、領内を荒らして農業生産力を削ぐ作戦でした。ただしスパルタも農業国なので、秋には兵士を撤退させて収穫に従事させる必要があります。そこで毎年同じように侵攻を繰り返し、長期戦でアテナイの国力を奪おうと考えたのです。

それに対し、アテナイを率いるペリクレスは市民を城壁内に避難させ、籠城戦で立ち向かいます。これにはいくつかの深慮遠謀がありました。まず、スパルタの得意とする陸戦を避けること。一方で海軍力は圧倒的に強いので、海上からペロポネソスの各地へ侵入し、沿岸部を荒らして回れば有利に報復できること。またスパルタは国内に国有奴隷や周辺住民の問題を抱えているため、長期戦に不向きなこと。

加えて、デロス同盟からの年賦金で潤うアテナイに対し、スパルタを含むペロポネソス同盟は自主独立が基本です。つまり経済力でも圧倒的な格差があるため、長期戦になればアテナイの有利は確実です。それに、スパルタに農地を荒らされて国内の生産力が落ちたとしても、地中海諸国との交易によって十分に補えるし、むしろその活性化は財政面でもプラスになる、という計算もあったようです。

しかし城壁内に閉じ込められ、農地を荒らされ放題の市民は、しだいにペリクレスに不満を募らせます。さらに城内では疫病まで発生し、倒れる市民が続出します。そのとき、彼は市民に対して以下のように呼びかけたそうです。

「（略）諸君は、われらがわずかに同盟諸国だけを牛耳っていると思っている。しかし私はもっと広い視野に立つことをすすめたい。人類に大いに役立つ海と陸、その一つたる全海洋に、諸君は無敵の王者として君臨するものだ。（略）諸君が今もっている海軍の全装備をもって海を征けば、ペルシア王はじめ、現在世界のいかなる民族も、諸君の進路をさまたげることはできない。（略）諸君の真の富に比べれば、陸上の富は小果樹園の一つ、金であがなえるかぎりの一つにすぎない微々たる所有。これを失ったからとてわきまえもなく苦にすることはない。そしてここに諸君が認識を改めるべき点がある。すなわち、もし諸君がこの真の力を確保し、最後の勝利までわれらの自由を守りぬくことができれば、失った物件はなんの造作もなくとりもどすことができる。だがもしいったん他国に隷従すれば、われらがすでにかち得た所有すら失うことになりかねない。（以下略）」（『戦史』中公クラシックス・以下同）

ペリクレスは私欲のない清廉な政治家であり、優れた識見を持つ実力者として市民から厚く信頼されていました。その信頼を背景に、市民の意向に迎合するのではなく、自身の思想信条や方針に則って市民を導くのが常でした。またこの一節からもわかるように、演説を得意としていました。その内容は格調高くて説得力があり、今日でも欧米の政治家の手本となっています。

言い換えるなら、当時のアテナイは民主制を標榜しつつ、実質的には徳も識見もある優れた1人のリーダーによって支えられていたということでもあります。

ところがその後、疫病がさらに蔓延し、密閉された空間での生活を余儀なくされた市民のおよそ6分の1が犠牲になったと言われています。ペリクレスへの風当たりはいよいよ強くなり、ついには将軍職を解任されます。

しかし後任者の仕事ぶりから、市民はいかにペリクレスが優れたリーダーだったかを再認識し、将軍職への復職を要請します。ペリクレスはそれを受諾しますが、やがて本人が疫病に罹患し、ペロポネソス戦争の終結を見ぬまま世を去ります。開戦から2年6カ月後の紀元前429年のことでした。

その後に登場したリーダーたちは、いずれも凡庸な者ばかりだったそうです。だからこそ人気を集めるために市民に媚びへつらい、政策決定においても民衆の恣意に左右されるようになったのです。

その結果、当初ペリクレスの描いた戦略はことごとく反故にされます。時々のリーダーは、自身の名誉欲や利己心ばかりを追求し、国力を落として破滅へ向かわせる政策を次々と打ち出したのです。

煽動家クレオンの台頭

第3巻以降は、ペリクレス亡き後のアテナイが、いかに衆愚化していくかが主なテーマになります。ペロポネソス戦争の推移とともに、弁舌は立っても理念や大局眼や戦略を持たないリーダーたちが、民主制の名のもとに国家を衰退させていく姿が描かれます。

象徴的なのが、ペリクレスの死の翌年、紀元前428年にアナトリア半島の西端沖にあるレスボス島で起きた事件です。同島はデロス同盟の一員でありながら、アテナイに隷属化されることはなく、自治権を認められている最後の地域でした。

ところが、同島の諸都市がアテナイから離反し、交戦中のスパルタに支援を求めます。一方、当時のアテナイは疫病の被害が大きく、戦争による疲弊も激しかったことから、最初は外交交渉による解決を模索します。しかし、それを拒否されたことから艦隊を派遣して攻撃に転じ、翌紀元前427年には鎮圧に成功しました。

アテナイ市民にとってショックだったのは、圧倒的な海軍力で制海権を確保していたはずのエーゲ海の東端にまで、スパルタ艦隊の侵入を許してしまったことです。そのショックは反乱を首謀したレスボス島の中心都市ミュティレネの市民への怒りに転じ、アテナイの市民総会（民会）は成人男子の全員死刑、女性・子どもの全員奴隷化という厳罰に処すべしとの結論に達しました。

しかしその翌日、さすがに厳し過ぎるという意見が沸き起こります。あらためて議論することになりましたが、そこで登壇したのが政治家のクレオンです。ペリクレスの死後に台頭した人物で、大言壮語な弁舌を得意としていました。しかしペリクレスのような清廉さや識見は持ち合わせていません。前日に厳罰の方針を打ち出した人物でもあります。

そのクレオンは以下のように述べました。

「はやいくたびとなく事あるたびに私は、民主主義は他人を支配することができないと断じてきたが、今回ミュティレネ人処分に関する諸君の再考三考ほど、民主主義の無能ぶりを露呈しているものはない。諸君は仲間同士で日ごろ安閑と暮らし他人の悪だくみにかかった覚えのないために、同盟国人に対しても同じような態度をとろうとする。（略）そうすることがとりもなおさず諸君ら自身に危険を招いているのをつゆほども気づかない。（略）かれらが諸君に従っているのは、何も諸君がおのれの身を削ってかれらの歓心を買っているからではない。諸君の支配はかれらの好意によるところはいささかもなく、諸君の実力の優位によって存立を全うできているのだ。

（略）だがその責任は諸君らにある。諸君がこの劣悪な詭弁に競争の場を与えるからだ。（略）口達者な連中が、かくかくの事件がやがて生じうると言えば、そのとおりかと思ってそれに目を奪われる。だが事が起こった後になっても、事実をおのれの目で見ても信じようとせず、器用な解説者の言葉にたよって耳から信じようとする。そして奇矯な論理でたぶらかされやすいことにかけては、諸君はまったく得がたい〝かも〟だ。（略）諸君は一国の存亡を議する人間というよりも、弁論術師を取り巻いている観衆のごとき態度で美辞麗句にたわいもなく心を奪われているのだ。

（略）諸君、さいごに同盟諸国の反応も考えてもらいたい。（略）離反が功を奏せば自由が得られ、失敗に終わってもたいした目にあわされないですむ、とわかれば、だれもかも些細きわまる口実を盾に叛乱を起こすことになりはしないか。

（略）それでは困るというのであれば、弁論術を頼みに、買収金で頼まれて、あやまちは人間として許されるべきだという文句一筋に、ミュティレネ人の願望を喋々と代弁するのをやめるべきだ。（略）諸君はいったん決議した刑量を絶対に変えるべきではない。憐憫、詭弁、寛容こそは、支配圏の利益をはばむ三敵と心得て、これらに惑わされ処置を誤ることが絶対にあってはならぬ。（以下略）」

つまり、力づくで抑え込まなければ同盟諸国からまた反乱を起こされるおそれがあり、そもそも一度決めたことを再考すること自体が民主主義の欠点である、というわけです。しかしこのときは、その後の反対弁論によって辛うじて民意が覆され、極刑を取り下げる結論に至ります。

とはいえ、レスボス島には厳しい戦後処理が待っていました。処刑されたのは首謀者とされた人物のみでしたが、それでも1000人にのぼったとされています。またミュティレネの城壁は撤去し、軍船も没収されました。

さらに、離反に与しなかったメテュムネ市を除く全島は3000の区画に分割されます。そのうち300区を神殿領とし、残りの区画は抽選でアテナイ市民に提供されました。レスボス島の住民の多くは、新たにアテナイから入植した地主に小作料を納入することで耕作を許される小作農の地位に成り下がったのです。

いずれにせよ、クレオンこそこの時代のアテナイを象徴する政治家の1人と言えるでしょう。民主主義の中でこういう人物が台頭したということは、賛同する者が多く、また他の政治家も彼の弁舌を抑え込めなかったことを意味します。

クレオンはその後も、ペロポネソス戦争のターニングポイントで重要な〝役割〟を果たすことになります。彼の言動が戦争を泥沼化させ、やがて国家を滅亡へ導いたと言っても過言ではありません。

善から悪へ、社会の価値観を一変させた「ケルキュラ島内戦事件」

同じく第3巻に記述されているのが、レスボス島の一件の直後に起きたケルキュラ島の内戦事件です。

ケルキュラ島は、ギリシャ西岸沖にある、イオニア諸島北端の島です。第1章で紹介したホメロスの『オデュッセイア』では、「スケリア島」として登場しました。つまり、トロイア戦争で活躍した後、地中海を漂流し続けたギリシャの将軍オデュッセウスがようやくたどり着いた島です。その国の王女ナウシカアに助けられ、その父親のアルキノオス王に歓待され、彼らの支援によって10年ぶりに故郷イタケーへの帰還を果たすわけです。

そういう美しい物語とは裏腹に、『戦史』に描かれるケルキュラ島の一件は陰惨の一語に尽きます。もともとこの島は、デロス同盟の一員でした。つまりアテナイ側であり、民主制を敷いていました。しかし市民の中には、スパルタ側の寡頭制を支持する者も少なからずいたようです。スパルタとアテナイ両陣営による戦争激化の余波を受け、島内のアテナイ親派（民主派）とスパルタ親派（寡頭派）との対立も尖鋭化し、ついには暴力の応酬へと発展するのです。

あるとき、寡頭派はアテナイ側の政治家ペイティアスを「アテナイへの隷属を扇動した」として起訴します。もちろん、体制をスパルタ側へ寝返らせるための作戦です。しかしペイティアスは無罪となり、逆にペイティアスの側が彼らを訴え、多額の罰金を請求しました。

これに対し、寡頭派は実力行使に出ます。仲間内で決起すると、短剣を携えて評議会を襲撃し、ペイティアスを含む代議員や一般市民約60人を殺害したのです。これによって強引に政権を奪取した彼らは、民主派の市民に弾圧を加えました。一方、民主派は奴隷にも自由を約束して仲間に引き入れ、寡頭派への反撃を開始します。

そこに、アテナイから12隻の軍船と500名の重装兵が到着します。その軍隊のミッションは、両者を和解させて内戦を収束し、あらためてアテナイの傘下に組み入れることでした。

しかしその後、スパルタ側からも60隻の軍船が到着して海戦に発展します。当初はスパルタ側が優勢でしたが、そこにさらにアテナイからケルキュラ島に向けて60隻の軍船が出帆したとの情報が届くと、スパルタの軍船は戦闘を避けて撤退しました。

このアテナイの艦隊がケルキュラ島に到着すると、彼らの後ろ盾を得た民主派は、それから

7日間にわたって寡頭派への徹底的な弾圧・殺戮を繰り返します。名目上は「民主派に対する謀議」への処罰でしたが、私怨や掠奪、借金の踏み倒しなど、さまざまな理由で手当たり次第の殺人が横行しました。また、神殿の壁に埋め込むといった残忍な殺し方もあったそうです。寡頭派の中には、もはや生存の見込みはないと悟って自殺した人も数多くいました。

この事件がギリシャ世界全体に及ぼした影響は甚大でした。各地で同様の内戦が頻発したのです。民主派も寡頭派も、それぞれ決起して相手方への激しい実力行使に及べば、アテナイ軍、スパルタ軍からの加勢を得て有利に戦える。そういう前例をこの事件が作ってしまったわけです。

しかもそれは、憎悪と復讐心を掻き立て、いっそう過激化・残虐化するばかりでした。それがギリシャ世界全体を消耗させたことは、言うまでもありません。この点について、『戦史』の中でトゥキュディデスは「言葉の意味すら変えてしまった」と述べています。

「たとえば、無思慮な蛮勇が、党を利する勇気と呼ばれるようになり、これにたいして、先を見通してためらうことは臆病者のかくれみの、と思われた。沈着とは卑怯者の口実、万事を解するとは万事につけて無為無策にほかならず、逆に気まぐれな知謀こそ男らしさを増すものとされ、安全を期して策をめぐらすといえば、これは耳ざわりのよい断り文句だと思われた。また、不平論者こそ当面の信頼に足る人間とされ、これに反論するものに

図表3-2　ペロポネソス戦争関連地図

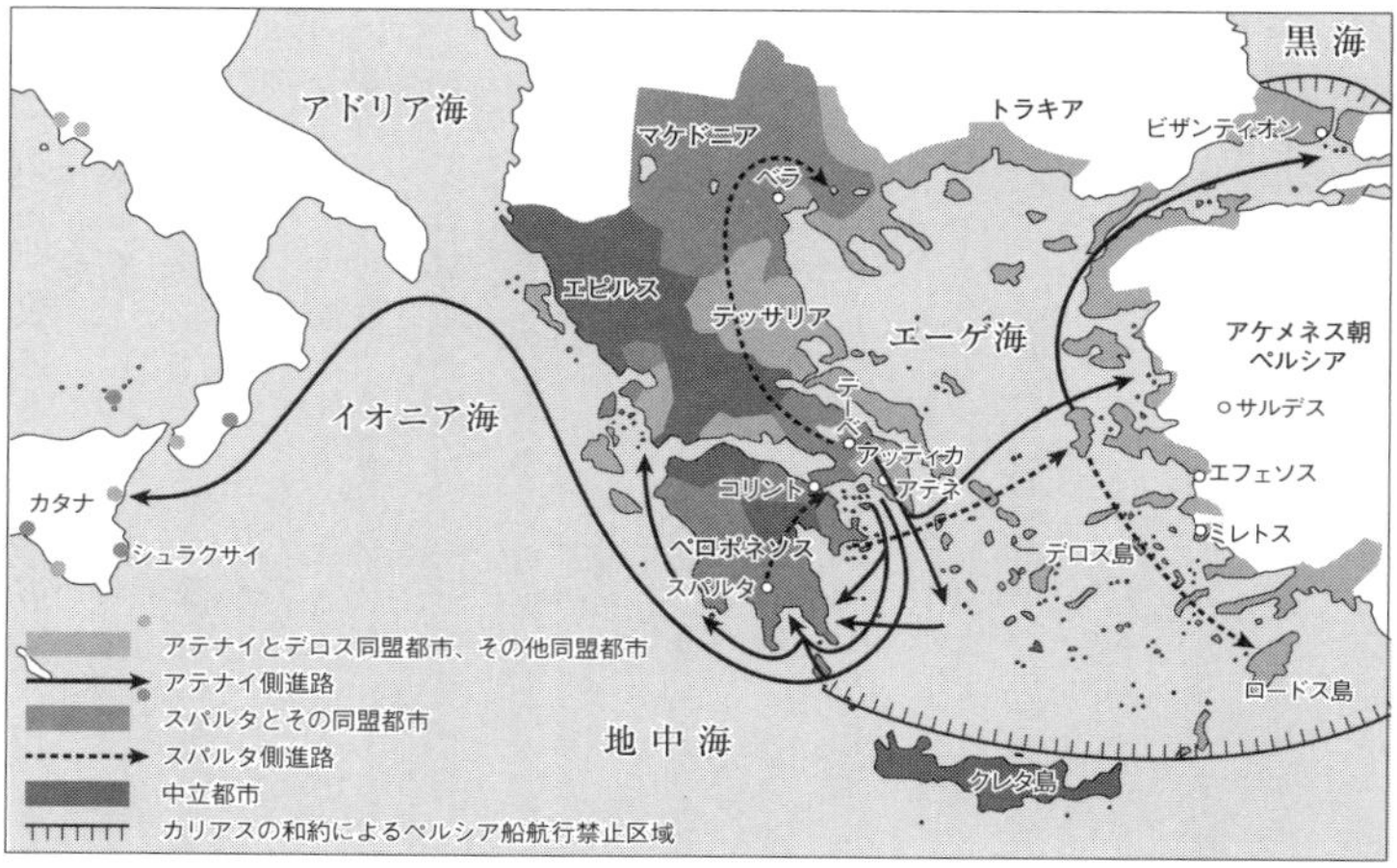

は疑惑がむけられた。陰謀どおりに事をとげれば知恵者、その裏をかけばますます冴えた頭といわれた。だがこれらの奸策によるまいとして道を講ずる指導者は、党派の団結を破るもの、反対派に脅かされているもの、と非難された。

　何ごとによらず、人の先を越して悪をなすものが誉められ、悪をなす意図すらないものをその道に走らせるのが、賞揚に値することとなった。（以下略）」

つまりギリシャ世界の価値観は、善行ほど馬鹿にされ、悪行ほど称賛されるように一変したわけです。もともと民主派は政治平等を説き、寡頭派は富と地位のある者が穏健かつ良識的にリードする社会を目指してきました。体制は違っても、国家公共の善に尽くすことは変わらなかったはずです。

ところが、いずれも私利私欲が優先され、善は忘れ去られてしまいました。それも誰かに強制されたわけではなく、成り行きでそういう社会に堕ちてしまったことは特筆すべきでしょう。ケルキュラ島の事件は、人間社会が善や正義についての共通基盤を放棄するとどういう事態を引き起こすか、惨劇とともに今日に伝えているのです。

クレオンを増長させた「ピュロス・スパクテリアの戦い」

第4巻には、「ピュロス・スパクテリアの戦い」と呼ばれる海戦の様子が詳しく記されています。このあたりから和平への模索が始まりますが、やはり徳や識見より私欲や私怨が優先され、ことごとく頓挫するのです。

ケルキュラ島の惨劇から2年後の紀元前425年、アテナイの将軍デモステネスが率いる艦隊は、いくつかの偶然が重なってペロポネソス半島南西部にある都市ピュロスを占領し、要塞化します。そこはスパルタから近く、重要な軍事拠点になるからです。

この動きに危機感を持ったスパルタ側は、ピュロスのすぐ南方にあるスパクテリア島に艦隊を結集させ、奪還を目指します。しかし、デモステネスが防戦してスパルタ軍の上陸を阻止している間にアテナイから援軍が到着すると、攻守が逆転します。アテナイの艦隊がスパクテリア島を取り囲み、島内に残るスパルタ兵を孤立させることに成功したのです。

勝ち目がないと判断したスパルタ側は、島に孤立した兵を救うべく、ピュロスにいるデモステネスに休戦を申し入れます。デモステネスも無益な戦いは避けたいと考えて、スパルタ側の使節をアテナイへ送り出しました。

ところが、そこに立ちはだかったのが前出の政治家クレオンです。彼は有利な立場を最大限利用しようと考え、使節に対して休戦の条件を吊り上げ、結局は破談にします。その結果、ピュロス・スパクテリア島での戦いは再開されましたが、今度はアテナイ軍の側が窮地に立たされます。スパクテリア島のスパルタ軍には、解放を約束された国有奴隷がこっそり食糧物資を運び込んでいました。それに対し、短期の決着を想定していたピュロスのアテナイ軍には補給路がなく、飲み水の確保にも苦労していたのです。

その状況がアテナイに伝わると、たちまち休戦を反故にしたクレオンに批判が集まります。しかしクレオンは、その矛先を政敵の将軍ニキアスに向けようとします。「将軍が男なら、軍を率いてスパクテリア島を制圧することなどたやすいはず」というわけです。

するとニキアスも黙っていません。「自分の将軍職を譲るから、艦隊を率いてスパクテリア島へ遠征してはどうか」とクレオンに提案します。軍の知識も経験もないクレオンは動揺しますが、この提案にアテナイ市民はおおいに賛同しました。クレオンの大言壮語に、そろそろ嫌気が差していたからです。遠征に失敗すれば彼の政治生命は終わるし、万が一成功すればピュロスの軍隊を救出できる。どちらに転んでも悪くはないという冷徹な判断が働いたようです。逃げ切れなくなったクレオンは、仕方なく将軍職に就いて遠征します。ところが現地では、デモステネスの作戦が奏功し、大方の予想に反して勝利しました。スパクテリア島にいたスパルタ兵120名を捕虜にしてアテナイに凱旋するのです。

クレオンの名声と権力が一気に高まったことは、言うまでもありません。しかしそれは、和平への道が遠のいたことを意味します。スパルタ側はアテナイに捕虜の返還を幾度となく求めますが、そのたびに条件を吊り上げて拒否したそうです。

その意趣返しのように、今度はスパルタ軍の勇将ブラシダスがアテナイのすぐ北にあるボイオティア地方へ侵攻します。さらにトラキア地方（バルカン半島南東部）へ北上すると、アテナイ側にとって重要拠点である都市アンフィポリスを制圧しました。ただしこれは戦闘によるものではなく、むしろアンフィポリスの市民がブラシダスの到来を歓迎した結果です。市民は、クレオンの圧政や年賦金の負担の大きさに辟易していたのです。

ちなみにこのとき、アテナイ軍でトラキア地方の防衛を担っていた将軍がトゥキュディデスでした。彼はこの地を奪われた責任を問われ、陶片追放によって国外退去となります。これにより、一連の戦争の歴史をいっそう克明に記録する時間的余裕を生み出したわけです。

このあたりから、アテナイは少しずつ劣勢に立たされるようになります。

亡国の若き政治家アルキビアデス登場

続く第5巻では、ようやく和平への動きが本格化します。紀元前422年、クレオン自身がアンフィポリスを奪還すべく、自ら大軍を率いて遠征します。これを「アンフィポリスの戦い」と言います。しかし軍事の知識・経験不足が災いし、惨敗して捕らえられ、処刑されました。ただしブラシダスも戦闘中に落命します。両軍の主戦論者が相次いで亡くなったことで、お互いに休戦への気運が急速に高まっていったのです。

翌紀元前421年、和平論者のニキアスは、クレオンの死によって発言権を回復させ、同じく和平を望むスパルタ王プレイストアナクスとの間で条約を締結します。これを「ニキアスの和約」と言います。戦闘によって奪った地域をお互いに返還し、戦争前の秩序を回復することを目指しました。

ところが、両国ともに地域の返還を行わず、緊張状態は継続しました。条約はあっさり反故にされ、各所で戦闘が繰り返されたのです。

ちょうどそのころ、アテナイで急速に台頭した若い政治家がアルキビアデスです。高貴な家柄に生まれ、頭の回転が早く、弁舌を得意とし、またたいへんな美貌の持ち主で華美を好み、男性からも女性からも愛されたと言われています。

彼はニキアスの政敵であり、戦争については主戦論者でもありました。人気を背景として無謀な作戦を扇動し、アテナイに壊滅的な打撃をもたらします。それが「シケリア（現シチリア島）遠征」です。またその後の無節操な行動により、全アテナイ国民から恨まれる存在にもなります。

ちなみにアルキビアデスは、本書で後に紹介する哲学者ソクラテスの弟子でもありました。彼の悪行のため、ソクラテスは「若者をたぶらかした」という嫌疑をかけられ、最終的に死罪になるのです。

アルキビアデスが立案・扇動した「シケリア遠征」

第６巻と第７巻では、そのシケリア遠征の顛末が詳しく描かれます。

もともとシケリア島には、アテナイ側とスパルタ側の植民市が混在していました。しかし紀元前４２４年に諸都市の間で平和条約を結び、ペロポネソス戦争とは一線を画していました。アテナイもそれを認め、派遣していた艦隊を引き上げていたほどです。

ところが、その後も島内では紛争が頻発します。とりわけアテナイにとって懸念材料は、スパルタ側に与する同島の最大都市シュラクサイが勢力を拡大し、アテナイ側の都市を駆逐することでした。そこでアルキビアデスがシケリアへの遠征を提案し、アテナイで圧倒的な支持を得るわけです。

それに対し、和平を推進してきたニキアスは自重論を展開します。トラキア地方などアテナイの背後にも敵を抱えていること、遠くて広大なシケリアで一戦を構えるとなると膨大な経費と艦隊が必要になること、こういう軍事行動がかえってスパルタ側を刺激すること、などが主な理由です。

しかしアテナイ市民はアルキビアデスの弁舌に熱狂し、むしろニキアスの懸念を逆手に取るように、国家の威信をかけた大艦隊の編成を支持します。これにより、紀元前415年から遠征が始まるのです。動員された人員は3万人強とされています。

その司令官として選任されたのは、アルキビアデスと老将のラマコス、それに皮肉なことにニキアスの3名でした。しかも行軍早々、さらに皮肉な事態に見舞われます。実は出帆直前、アテナイでは街道の各所に道標として置かれたヘルメス神の柱像がことごとく破壊されるという事件が発生しました。ヘルメス像は神聖なものとされていたので、犯人の極刑は免れません。

その容疑者として浮上したのが、すでにシケリアへ向けて艦隊を率いていたアルキビアデスです。真相はわかりませんが、ふだんから不謹慎な言動で多くの人の恨みを買っていたため、疑われるのは必然だったかもしれません。アテナイは間もなくシケリアに到着するアルキビアデスに対し、召喚命令を下します。

これに怒ったアルキビアデスは、命令には従わず、よりによってスパルタへの亡命を図ります。彼は亡命先でアテナイ軍の弱点を暴露し、たちまち一定の地位と信頼を獲得したそうです。

これにより、アテナイ軍の司令官は2名になりました。しかしラマコスも早々に戦死したため、もっとも遠征に反対したニキアス１人が大規模な全軍の指揮を担うことになるのです。それに加え、シケリアのアテナイ側の諸都市も非協力的でした。最初から勝ち目は薄かったと言えるでしょう。

なお、その後のアルキビアデスはスパルタでも人気を博しますが、スパルタ王妃と通じたことで不興を買い、今度はペルシア帝国へ亡命します。紀元前４１１年にシケリア遠征大敗の混乱に乗じてアテナイ軍に復帰すると、紀元前４０７年には全軍を統括する将軍職に昇格します。しかし翌紀元前４０６年に部下の不祥事の責任を追及され、トラキア地方、さらにアナトリア半島にあるフリュギアへと亡命を繰り返しました。結局、その地で何者かに暗殺されたそうです。

「シケリア遠征」の阿鼻叫喚

シケリアに到着したアテナイ軍は、緒戦だけ善戦してシュラクサイを包囲します。しかしシュラクサイが要請したスパルタからの援軍が到着すると、たちまち形勢を逆転されました。

しかもこの期に及んで陣中に病気が蔓延し、ニキアス自身も罹患して体調を崩します。挽回への見通しが立たないことから、アテナイに撤退か増援かの判断を求める書簡を送ります。ニキアスとしては撤退を予想し、また希望していたようです。

ところがアテナイは、ここで撤退ではなく増援を決断します。新たに2人の司令官に数千人の大軍を託しますが、そのうちの1人は先の「ピュロス・スパクテリアの戦い」で活躍したデモステネスでした。

しかし歴戦の勇将が戦列に加わっても、劣勢を立て直すことはできません。デモステネスは撤退を提案しますが、今度はニキアスが躊躇します。アテナイの意向を聞かずに撤退すれば、戦場を知らないアテナイ市民から激しく非難されること、それに民主制である以上、それらの声によって厳しい処罰が下されることは容易に想像できました。そういう不名誉を被るくらいなら、自分1人だけでも戦場で敵の手にかかったほうが潔いと考えたのです。

この躊躇が、アテナイ軍にとって致命傷になりました。疲労と病気で士気が低下しているアテナイ軍に対し、シュラクサイ軍は殲滅を図ります。海上では湾を封鎖して艦隊を閉じ込め、徹底攻撃を仕掛けました。アテナイ軍は艦隊を捨て、陸路で敗走することになります。戦死者はもちろん、傷病兵も置き去りにしながらの決死の行軍でしたが、先回りしたシュラクサイ軍は道路を封鎖して追い討ちをかけます。途中でニキアスとデモステネスは隊を2つに分けて逃走しますが、いずれも退路を断たれ、ついに投降しました。開戦から2年後、紀元前413年のことです。

スパルタ側は、この2人を捕虜として本国まで連行したい旨をシュラクサイ軍に伝えます。デモステネスは先のピュロス・スパクテリアの戦いにおける敵の司令官であり、またニキアスはその後の和平工作に尽力した人物であり、ともにスパルタ国内で関心が高かったからです。ところがシュラクサイ軍はその要請を無視し、2人とも処刑します。また捕虜の数は7000人にのぼったといわれていますが、アテナイ人以外は奴隷として売られ、アテナイ人はシュラクサイ市郊外の採石場の窪地に放置されました。必然的に、彼らの大半はそこで飢えや病気によって息絶えました。

結局、アテナイが威信をかけて送り出した合計3万数千人の軍隊は、ほぼ全員がアテナイに帰還できなかったわけです。もはや全軍壊滅と言えるでしょう。シケリア遠征は、それほど凄惨で無益な戦いでした。

アテナイは小国へ、全ギリシャはマケドニアの支配下へ

そして最終の第8巻では、シケリア遠征後に凋落するアテナイの様子が描かれます（ただし未完）。

全軍壊滅という事実が、アテナイ市民に多大なショックを与えたことは言うまでもありません。しかしアテナイには、さらなるショックがいくつも降りかかります。まずデロス同盟を構

成していた諸国が、相次いで離反し始めました。それに加えて、アテナイ北部近郊に広がる穀倉地帯デクレイアをスパルタ軍に占領されます。アテナイは軍事力のみならず、大事な資金源も、食糧の供給源も失ったわけです。

この危機により、アテナイ国内の政治体制は、民主制に代わって400人の良識者による寡頭制、あるいは5000人による寡頭制が模索されます。また前出のアルキビアデスの暗躍やペルシア帝国の関与などもあり、小競り合いのような戦争状態はさらに継続します。途中、アテナイ軍が勝利する場面はあったものの、衰退と消耗の趨勢は何ら変わりませんでした。『戦史』の記述は紀元前411年までですが、アテナイが最終的に降伏し、スパルタの傘下に入るのは紀元前404年です。これにより、ペロポネソス戦争はようやく終息を迎えました。アテナイという国家は残りましたが、デロス同盟は解散、海軍は解体、海外の領土もすべて失い、スパルタに倣って30人による寡頭制が導入されました。

しかし、ギリシャ世界はまだ安定しません。アテナイでは寡頭政権による恐怖政治が反発を招き、わずか1年後に瓦解して民主制に戻ります。またギリシャの混乱はペルシア帝国の台頭を招き、同国に支援されたギリシャ諸国とスパルタ、それに復活を期すアテナイによる三つ巴の対立の構図を生みます。

ペロポネソス戦争の勃発以降、およそ1世紀にわたるこうした混乱で各国とも国力を低下させる中、戦争にいっさい関与せず、ギリシャ世界から技術や文化、制度を学んで国力を蓄えた国があります。ギリシャ半島の付け根に位置するマケドニア王国です。

紀元前338年、マケドニアは当時ギリシャ半島中部を支配していた有力都市テーベとアテナイの連合軍との戦いに勝利します。翌紀元前337年には、スパルタを除くギリシャ全都市が参加する同盟を結成させ、その盟主として君臨します。ギリシャ本土とペロポネソス半島をつなぐ地峡付近の有力都市コリントスで締結されたことから、これを「コリントス同盟」と言います。これにより、スパルタを除くギリシャ世界のほぼ全土がマケドニアの支配下に入ったのです。

有名なアレクサンドロス3世（大王）が登場し、マケドニアがいわゆる東征を開始するのは、紀元前334年からです。彼らは強国のエジプトやペルシア帝国まで征服し、大帝国を建設しました。これにより、ギリシャの思想や文化ははるか東方まで伝えられることになったのです。ギリシャ人が神話上の英雄ヘレンにちなんで「ヘレネス（ヘレンの子）」を自称したことから、これを「ヘレニズム」と言います。

ペリクレスの「演説」を読み返す

ここまで、『戦史』に描かれたペロポネソス戦争の経緯を駆け足で辿ってきました。民主制を標榜するアテナイの没落の歴史は、衆愚化の道でもありました。識見の低いリーダーが、権勢欲や名誉欲に囚われて民衆に媚び、煽り、重要な政策の主導権を民衆の恣意に委ねてしまった。これでは、国家が傾くのは必然でしょう。

ここであらためて思い出していただきたいのが、本章の前半に登場したペリクレスです。アテナイの全盛期を築き、戦争勃発後もできるかぎり冷静に対処して勝機を見出そうとした将軍で、その後に登場する政治家・軍人とは対照的に描かれています。トゥキュディデスは以下のように評しています。

「ペリクレスは世人の高い評価をうけ、すぐれた識見をそなえた実力者であり、金銭的な潔白さは世の疑いをいれる余地がなかったので、なんの恐れもなく一般民衆を統御し、民衆の意図にしたがうよりもおのれの指針をもって民衆を導くことをつねとした」

そういう姿勢を象徴するのが、開戦の翌年の紀元前430年、戦没者追悼の式典における演説です。これは史上もっとも有名な民主制賛美の演説とされ、今日でも欧米の政治家の間ではスピーチの手本となっています。

きわめて長い演説ですが、以下にその一部を紹介します。

「われらの政体は他国の制度を追従するものではない。ひとの理想を追うのではなく、ひとをしてわが範に習わしめるものである。その名は、少数者の独占を排し多数者の公平を守ることを旨として、民主政治と呼ばれる。わが国においては、個人間に紛争が生ずれば、法律の定めによってすべての人に平等な発言がみとめられる。だが一個人が才能の秀でていることが世にわかれば、輪番制に立つ平等を排し世人のみとめるその人の能力に応じて、公の高い地位を授けられる。またたとえ貧窮に身を起こそうとも、国に益をなす力をもつならば、貧しさゆえに道を閉ざされることはない。われらはあくまでも自由に公につくす道をもち、また日々にたがいに猜疑の目を恐れることなく自由な生活を享受している。よし隣人がおのれの楽しみを求めても、これを怒ったり、あるいは実害なしとはいえ不快を催すような冷視を浴びせるようなことはない。（略）だがこと公に関するときは、法を犯す振舞いを深く恥じ恐れる。時の政治をあずかるものに従い、法を敬い、とくに、侵されたものを救う掟と、万人に廉恥の心を呼びさます不文の掟とを、厚く尊ぶことを忘れない。

（略）われらは質朴のうちに美を愛し、柔弱に堕ちることなく知を愛する。われらは富を行動の礎とするが、いたずらに富を誇らない。また身の貧しさを恥とはしないが、貧困を克服する努力を怠るのを深く恥じる。

（略）まとめて言えば、われらの国全体はギリシアが追うべき理想の顕現であり、われら一人一人の市民は、人生の広い諸活動に通暁し、自由人の品位を持し、おのれの知性の円熟を期することができると思う。そしてこれがたんなるこの場の高言ではなく、事実をふまえた真実である証拠は、かくのごとき人間の力によってわれらが築いた国の力が遺憾なく示している。なぜならば、列強の中でただわれらの国のみが試練に直面して名声を凌ぐ成果をかちえ、ただわれらの国にたいしてのみは敗退した敵すらも畏怖をつよくして恨みを残さず、従う属国も盟主の徳をみとめて非をならさない。かくも偉大な証蹟をもってわが国力を衆目に明らかにしたわれらは、今日の世界にのみならず、遠き後の世にいたるまで人々の賞嘆のまととなるだろう。（以下略）」

前半では、今日でも傾聴すべき民主主義・民主社会の理念を説いています。すべての人の自由・公平を前提としつつも、結果平等ではなく機会平等であり、それぞれの立場で公のために尽くさなければならないというわけです。また秩序を保つためのルールの遵守と、貧困を克服するための自助努力が必要という指摘も、きわめて今日的でしょう。

また後半では、国民一人一人が美や知を愛し、品性を保つことが国家としての「徳」を生み、それが真の国力になるとしています。ペロポネソス戦争の勃発後、わずか30年弱で一気に衆愚化し、衰退したアテナイの経緯を知った上で読み返してみると、時々に登場した政治リーダーの罪深さがあらためてよくわかると思います。

またこの激しいギャップから、では「徳」とは何か、「善」とは何かを真剣に考えようとする人々が現れました。その代表格がソクラテスであり、弟子のプラトンであり、またその弟子のアリストテレスです。彼らの思想から、今日「哲学」と呼ばれる学問が生まれたわけです。

たとえば3人は、それぞれ以下の論を述べていきます。

「正義は強者の利益などでは断じてない」（ソクラテス）
「徳と理性を併せ持つ真のリーダーをなぜ育成しないのか」（プラトン）
「金持ちか貧乏人かで争うのが政治ではない」（アリストテレス）

いずれもペロポネソス戦争やアテナイの歴史を踏まえて言及していることは、間違いありません。

そこで次章から、それぞれどういう文脈で何を説いているのか、具体的に検証してみたいと思います。なぜ、彼らの思想が「ルネサンス」を経て後世にまで読み継がれ、今日でも欧米においてエリート教育の基礎とされているのかが明らかになるはずです。

第4章

プラトン『国家』が掲げる理想主義

「アテナイの学堂」が意味するもの

バチカン市国にあるカトリック教会の総本山・ローマ教皇庁に、「署名の間」と呼ばれる部屋があります。教皇が文字どおり重要書類に署名したり会議を行ったりするための部屋で、教会の中でもきわめて神聖な一角と言えるでしょう。

その四方の壁には、ルネサンス期イタリアの画家ラファエロ・サンティの手による4枚のフレスコ画が描かれています。テーマは「キリスト教とギリシャ哲学の調和」。そのうちの一枚が、有名な「アテナイの学堂」です。描かれたのは、ラファエロがローマ教皇ユリウス2世に仕えた1509年～1510年とされています。

ラファエロ本人が言及したわけではありませんが、ここに描かれた多数の人物は、それぞれモデルがいると言われています。それも古代の哲学者を同時代の芸術家等に見立てるという、かなり凝った趣向だとされています。

諸説ありますが、たとえば前列中央にいるのはミケランジェロに見立てたヘラクレイトス（古代ギリシャ時代の哲学者）、その右側にはディオゲネス（同）。さらに右側にはゾロアスター（ゾロアスター教の創始者）、プトレマイオス（ローマ帝国時代の哲学者）などに交じってラファエロ本人も描かれているとされています。また前列左側にはピタゴラスもいます。その

図表4–1　アテナイの学堂

他大勢いるのは、それぞれ音楽家、法律家、詩人、医者などの専門家・技術者のようです。

そんな彼らに囲まれるように、全体の中心にいて会話をしている様子の2人がいます。左側がレオナルド・ダ・ヴィンチに見立てたプラトン、右側がアリストテレスです。プラトンが左手で抱えているのは『ティマイオス』、アリストテレスが左手で掴んでいるのは『ニコマコス倫理学』。いずれも、「人間の善きプシュケー（魂）とは何か」を主要テーマにした著作です。

そしてこの絵画にはもう1つ、大きな趣向が凝らしてあります。左側に立つプラトンは右手の人差し指を天に向け、左側上部の背景にはギリシャ神話の神アポロンの彫像が描かれています。また右側に立つアリストテレスは右手の人差し指を地に向け、右側上部にはローマ神話の女神ミネルヴァに姿を変えたギリシャ神話の女神アテーナーの彫刻が描かれています。実は、ここにも意味があるのです。

後にも述べますが、プラトンは「イデア」という観念的な世界を想定し、そこに真理があると説きます。それに対してアリストテレスは日々の経験や習慣を重視し、そこから真理を追究すべきと説きます。指先が示す「天」と「地」は、それを象徴しているわけです。

また左側にいるアポロンは予言、治療、音楽、詩歌などの神として知られ、プラトンの世界観に近い。その下部には、それを体現したような技術者や哲学者が配置されています。一方、右側のミネルヴァもしくはアテーナーはいずれも知恵、工芸、戦略などの女神であり、こちらはアリストテレスの世界観に近い。その下部には、やはりそれを体現した技術者や哲学者がいます。

つまり「アテナイの学堂」は、中央に立つプラトンとアリストテレスを境にして、左右でくっきりと色分けされているわけです。この両者を源流とするギリシャ哲学が、ルネサンス期のキリスト教社会にどれほど深く浸透して影響を及ぼしたか、この壮大な絵画からも窺い知ることができるでしょう。

プラトンやアリストテレス、そしてプラトンの師であるソクラテスが生きたのは、ペロポネソス戦争に敗北して没落の一途をたどるアテナイでした。社会が混迷する中、人々は自分たちがいかに生きるべきか、国家がどうあるべきかを模索していたのでしょう。それに対して「知」という武器で答えを導き出そうとしたのが、これらの賢人たちです。だからこそ、18

00年以上の時を超え、「暗黒時代」と呼ばれていた中世ヨーロッパの社会に伝道師のように受け入れられたわけです。

では、これらの賢人たちは何を説いたのか。まずはプラトンの著作から、その哲学を掘り下げていきたいと思います。

ソクラテスはなぜ処刑されたのか

紀元前443年の将軍ペリクレスの登場により、アテナイは民主制の全盛期を迎えます。デロス同盟から吸い上げた潤沢な資金をもとにして、軍事力の強化とともに、学問・芸術の振興も図られました。

民主制の社会なので、出自や身分に関係なく、能力さえ高ければ評価されます。これにより、アテナイにはギリシャ各地から知力・才能に自信のある者が集まりました。とりわけ学問分野においては、知識を誇り、弁舌に優れた者が続々と登場します。彼らを「ソフィスト（知恵のある者）」と言い、市民の家庭教師となって生計を立てていました。

そんな彼らの前に立ちはだかったのが、アテナイ出身のソクラテスです。あるとき、彼の知人が『歴史』にも描かれた「デルポイの神託所」を訪れ、「ソクラテス以上の賢者はいない」との神託を受けます。その自覚のなかったソクラテスは驚き、それを反証するため、世間的に

「賢者」とされている複数のソフィストのもとを訪れては問答を試みるのです。

その結果、ソフィストたちはある分野に詳しくても、それ以外の分野には精通していないことがわかります。ところが彼ら自身は、あらゆる分野について詳しいと思い込んでいる、もしくはそう虚勢を張っていました。そこでソクラテスは、「知らないことを知っていると思い込んでいる彼らより、知らないことを知らないと自覚している自分のほうが賢い」と悟るわけです。以来、ソフィストや政治家や詩人など、世に「賢人」と呼ばれる人が自らの無知に気づくよう、問答によって促すことに情熱を傾けます。

こういうソクラテスの言行は、特に若い人から支持を集めました。しかし反面、威信と評判を傷つけられた「賢人」たちからは憎悪の目を向けられます。

折も折、ソクラテスが40歳のころに始まったペロポネソス戦争で、アテナイの戦況は悪化の一途をたどっていました。ペリクレスの死後、近視眼的で私利私欲を優先する政治リーダーが現れ、国家をますます衰亡させたことは前章で述べたとおりです。とりわけ紀元前415年からの「シケリア遠征」を主導しながら、対戦直前に敵国スパルタへ亡命したアルキビアデスが弟子の1人だったことで、ソクラテスへの風当たりはいっそう強くなります。

さらに紀元前404年に敗北してスパルタの支配下に置かれると、アテナイでは民主制に代わって寡頭制の「30人政権」が発足します。ところが、彼らは恐怖政治を敷いて反発を招き、わずか1年で瓦解して民主制に戻りました。その「30人」の主要メンバーにも弟子がいたことから、ついにソクラテスも糾弾の対象となります。

そして紀元前399年、裁判で死刑を宣告されて生涯を閉じるのです。この裁判の経緯については、プラトンの『ソクラテスの弁明』で詳しく綴られています。

「哲学」の始まり

ソクラテスには1冊の著作もありません。その思想や言動を後世に伝えたのは、ソクラテスを主人公に据えていくつもの著作を残した弟子のプラトンです。

プラトンが生まれたのは紀元前427年。ペロポネソス戦争が始まって間もないころで、ソクラテスよりおよそ40歳年下です。若いころは政治家を目指したこともありましたが、国家の衰退や「30人政権」の誕生と崩壊、師ソクラテスの処刑などを目の当たりにして現実世界から距離を置くようになり、「フィロソフォス（知を愛する者）」として思索の世界に入ります。これが「哲学」の始まりです。

プラトンの思想の根幹は、「イデア論」と呼ばれるものです。「イデア」とは、天上界に存在する絶対的な善、絶対的な美の世界で、ある種の理想郷と考えればいいでしょう。それは目に見えませんが、逆に言えば、私たちが目にしている現実は天上界の劣化コピーに過ぎないということです。

また、私たちを含む万物はそれぞれ知性的な「魂（プシュケー）」を持ち、実はイデアの存在も知っているし、それを求める心（エロース）もある。穢れているより清らかなほうがいい、悪や不正をなすより善や正義をなすほうがいいとは誰もが思うことでしょう。しかし、現実世界ではつい忘れがちになります。それを思い出させてくれるのが、問答や芸術、数学、幾何学等であるというわけです。

それを象徴しているのが、冒頭で紹介した絵画「アテナイの学堂」で描かれたプラトンの姿です。右手の人差し指を天に向けていますが、これは天上界のイデアを指し示しているわけです。また左手に抱えているのは晩年の著書『ティマイオス』で、イデア論を宇宙論や天地創造にまで発展させたことで知られています。その壮大なスケールの中に、私たちの「魂」も包み込まれているというのがプラトンの教えです。

現代科学の見地に立てば、こうした思想は〝非科学的〟かもしれません。しかしその壮大さは、『旧約聖書』の中核的な存在である「創世記」の世界観にまで影響を与えたとされています。ここからユダヤ教が発展し、キリスト教やイスラム教が生まれたことを考えれば、その後の世界や人類に残した足跡はきわめて大きかったと言えるでしょう。

理想の国家像とリーダー像を求めて

イデアと宇宙や自然科学を結びつけたのが『ティマイオス』だとすれば、その世界観を築き上げる過程を垣間見ることのできる作品が『国家』です。50歳になってから書き上げた、それまでの思想の集大成的な大著で、独特の「魂」のあり方や、教育のあり方にまで言及しています。

そのタイトルが示すとおり、ここに描かれているのは理想の国家像です。先に述べたとおり、プラトンは師ソクラテスの処刑などにより現実の政治に失望していました。だからこそ、ではどういう政治体制を築けばいいのか、それがどうすれば可能になるのかをイデアの観点から綴ったわけです。

プラトンの多くの著作と同様、『国家』も1人称の対話篇で綴られ、師匠であるソクラテスが「ぼく」として登場します。つまりソクラテスの思想を出発点として、そこにプラトン独自の解釈を加えているわけです。そういう二重構造のため、どちらの主張なのかわからないことがあります。また当時の時代背景や社会常識を前提としているため、それを理解していなければ読み取れないシーンもあります。プラトンの著作が難解と言われるのは、このあたりも要因の1つでしょう。

それはともかく、『国家』はまず「正義とは何か」を問うことから始まり、国の守護者・支配者の素質と教育、哲人統治による理想国家論、哲学教育の最高到達点としての「善」、そして哲学のもたらす「幸福」について論を進めます。

またプラトンは40歳のとき（紀元前３８７年）、学園「アカデメイア」を創設します。算術、幾何学、天文学などを教えた後、理想的な統治者の養成を目指して哲学の授業が行われていました。『国家』は、そこでの教育方針を結実させるために書かれたとも言われています。

ちなみに「アカデメイア」は、５２９年に東ローマ帝国皇帝ユスティニアヌス１世が「非キリスト教的学校の閉鎖」の政策を打ち出すまで、およそ９００年にわたって哲学教育の中心学府として存続します。また閉鎖後も、今日に至るまで、ヨーロッパでは高度な研究機関や教育機関などの名称として「アカデミー（academy）」や「アカデミカ（Accademica）」がよく使われています。いずれも「アカデメイア」に由来していることは、言うまでもありません。

人間の幸福とは、理性が欲望に勝ること

では以下に、『国家』の内容に触れてみたいと思います。全10巻の大著なので、とてもすべては紹介しきれません。また言葉は平易ながら、対話形式なので論旨がわかりにくい部分もあります。

しかし『国家』にかぎらず、多くのプラトンの作品は、精読して細かく理解しようと努めるより、演劇を見るような感覚で朗読を耳で聞きながら世界観を味わうほうが、結果として内容を把握しやすいかもしれません。プラトンの真意はわかりませんが、もしそれを意図して対話篇という形式を選んだとすれば、もはや脱帽するしかありません。

それはともかく、『国家』の要点を駆け足で紹介します。まず第1巻は、同書が俎上に載せる争点を網羅的に紹介しています。この部分を読めば、全巻を通じて何を訴えたいのかがだいたい把握できるわけです。

演劇的に紹介するなら、第1巻は大きく3幕に分かれています。第1幕のテーマは、「幸福な人生とは何か」です。

早々に、ケパロスという老人が登場します。他の老人たちが若さを失ったことを悲嘆する中、彼は今がきわめて平穏で幸福だと述べます。その上で、ある老作家の話をします。「まだ愛欲を楽しめるか」と尋ねられた彼は、こう答えたそうです。

「よしたまえ、君。私はそれから逃れ去ったことを、無上の歓びとしているのだ。たとえてみれば、狂暴で猛々しいひとりの暴君の手から、やっと逃れおおせたようなもの」(『国家』藤沢令夫訳、岩波文庫・以下同)

ケパロスはこれを「名言」とし、自身も同じことを思っていると告げます。結局、老年であれ青年であれ、幸福を感じられるか否かは本人の性格しだいとも述べています。人間は欲望と理性の両方を持っていますが、理性の働きが勝ったときに初めて幸福になれる。この考え方が、同書全体に通ずる理念として暗示されるのです。

テーマは次に、個人にとっての正義とは何か、に移ります。ある者が「友に善いことをし、敵に悪いことをするのが正義」と主張したのに対し、ソクラテスがいくつもの反駁を加えていくのです。

たとえば医者にとっては、友の病気を治すとともに敵を病気に罹らせることが「正義」ということになるが、それはある種の犯罪行為でもある。また、友と敵とを見誤ることはよくある。そのまま「正義」を行使すれば、真の友に害を及ぼすことにもなる。あるいは絶対的な友と絶対的な敵を見きわめたとしても、人に害を与えることは「正義」とは対極的な行為である。かえって憎悪や対立を生み、不正義の温床になる、といった具合です。

国家の「正義」とは何か①——権力者の利益を追究すること

そこに、トラシュマコスというソフィストが登場します。このあたりから、個人ではなく国家にとっての正義とは何かという議論に移行します。これが第2幕です。

トラシュマコスはソクラテスの婉曲的な議論に苛立ちながら、以下のように主張します。

「では聞くがよい。私は主張する。〈正しいこと〉とは、強い者の利益にほかならないと。……おや、なぜほめない？　さては、その気がないのだな？」

トラシュマコスは、正義とは強者の論理であると説きます。強者の利益になることが国政に取り入れられ、法律となり、執行される。法律を犯したものは法律違反者、不正な犯罪人として懲罰する、というわけです。

その論旨について、かつてアテナイを支配した僭主政治を例に出します。ペイシストラトス一族をはじめとする僭主は、貴族階級と平民階級の軋轢に乗じて権力を奪取し、権力基盤を保持するために抑圧的な独裁者となりました。

その後、アテナイ市民は彼らを追放すると、二度と僭主が出現しないよう「陶片追放」の制度を導入したのです。不正に掠めた権力を不正に使用する僭主を、当時の市民がどれほど忌み嫌ったかを想像すると、以下の主張は比較的わかりやすいと思います。

「しかし私の言うことは、もっとも完全なかたちにおける不正のことを考えてもらえば、あんたにも一番楽にのみこめることだろう。最も完全な不正こそは、不正をおかす当人を最も幸せにし、逆に不正を受ける者たち、不正をおかそうとしない者たちを、最も惨めにするものだからだ。独裁僭主のやり方が、ちょうどこれにあたる。（略）

こうした所業は、もしその一つひとつを単独におかすならば、発覚したときに最大の罰と非難を受けることになる。事実、神殿荒しとか、人さらいとか、土蔵破りとか、詐欺師とか、盗人とか呼ばれるのは、小規模なやり方でそういう悪業のどれか一つをおかす連中なのだ。

ところが、いったん国民すべての財産をまき上げ、おまけにその身柄そのものまでを奴隷にして隷属させるような者が現われると、その人はいま言ったような不名誉な名では呼ばれないで、幸せな人、祝福された人と呼ばれるのである。（略）

それというのもほかではない、人々が不正を非難するのは、不正を人に加えることでなく自分が不正を受けるのがこわいからこそ、それを非難するのだからである。

このように、ソクラテス、不正がひとたび充分な仕方で実現するときは、それは正義よりも強力で、自由で、権勢をもつものなのだ。（以下略）」

トラシュマコスの指摘は、今日でもあり得る話でしょう。地位に固執し、不正も顧みずに私腹を肥やす人々は少なからずいます。権力者は往々にして、自分たちの不正さえ「正しい」「正義」と主張し、同時に本当に正義を主張する人々を脅威の対象と見なして容赦なく潰そうとする。程度の差はあれ、職場や学校などあらゆる組織に見られる傾向だと思います。

ペロポネソス戦争が勃発し、将軍ペリクレスを失って以降のアテナイには、まさに自らの不正を「正義」とするような為政者が次々と登場しました。彼らが戦争を泥沼化させ、多大な犠牲とともに国家を存亡の危機に陥れたことは、前章で見たとおりです。そういう現実を目の当たりにしたからこそ、トラシュマコスは権力者が容易に正道を捻じ曲げると説いたわけです。

つまり『国家』における「正しい」「正義」は、権力者の適性と密接に関連づけて論じられているのです。仏教における8つの実践徳目「八正道」のように、魂の救済手段を意味するわけではありません。「正義」の人が権力の座に就くことが真の「正義」であるということを、トラシュマコスに語らせたわけです。

国家の「正義」とは何か②——被支配者に利益を提供すること

そんなトラシュマコスと、ソクラテスは問答を繰り広げます。

「一般にほかの支配的地位のことを考えてみると、自発的にそういう支配者の地位につくことを承知する者など誰もいなくて、みなそのための報酬を要求するものだが、そのことに君は気づいていないかね？　このことはつまり、支配することから利益を受けるのは、けっして自分たち自身ではなく、支配される側の者たちであると、人々が考えていることを意味するのではないか。

まあ、次の問に答えてくれたまえ。――いったい、われわれがひとつひとつの技術をいつも区別するのは、それぞれ技術がもつ機能が別であるということによるのではあるまいか？　さあ君、ねがわくば、君がほんとうに考えているままを答えてくれたまえ。そうでないと、何も決着がつかないからね」

ソクラテスは、以下のような話を展開します。たとえば医者でも職人でも商売人でも船頭でも、さまざまな職業にはそれぞれ固有の「技術」があり、その上手下手があります。その技術は自分に対して使われるのではなく、それを欲する他人のために使います。その労働により、報酬を受け取る権利を得るわけです。

同じことは、権力者についても言えるのではないか。彼らが権力者としての報酬を受け取れるとすれば、それは権力者に支配される人々が「権力者としての技術」に対価を支払うということです。つまり技術は自分のために使うのではなく、支配される人々のために使うことになる、というわけです。

ではもし、「権力者としての技術」をまったく持たないのに、「権力者としての報酬」のみを欲する人物がいたとしたら、人々はその権力者をどう呼ぶか。明らかに「不正な人」でしょう。

図表4-2　プラトンの最高善

幸福と正義	不正、不和、憎しみ
◆幸福な人生（個人）	◆内的な不和（個人）
◆国家としての正義	◆内的な不和（国家） 憎しみは連鎖し共同体の維持が不可能に
◆精神の穏やかな働き	◆劣悪な精神は波及する 不正は働かれた人の精神も腐敗させる

＜プラトン『国家』第四巻ノ１からの抜粋＞

国の全体ができるだけ幸せになることだ。幸福に満たされている国家には正義が見いだせる。悪しく治められている国家には不正が見いだせる。

＜ポイント＞

国家としての「幸福」と個人の「幸福」との調和と相乗効果をソクラテスの口を借りる形で説いたことが、プラトンの最大の功績です。それら２つは切り離すことは不可能で、どちらも幸福にするのが善政、その反対に特定の個人やグループの利益のためにそれらを不幸に導くのが悪政としています。師プラトンの掲げたこの命題に対してさらに磨きをかけたのがアリストテレスであり、「アテナイの学堂」では彼ら２人が中心に位置しています。「国家と個人をともに幸福にする」という哲学の大命題に取り組んだ彼ら２人が人間社会での「最高善」です。「哲学」を中心にしてさまざまな専門技能者たちがわきを固める構図。これがその後の西洋社会の価値意識であり知的世界の階層を示すのです。

つまり正義とは権力者の利益ではなく、被支配者に利益を提供することである、と説いたわけです。しかし現実に、不正な権力者は存在します。無分別に他の人を押しのけ、蹴落とし、支配し、不正な利益を得る、といった具合です。そこで問題は、そういう権力者は本当に強いのか、あるいは長く君臨できるのかということです。

この点については、以下のように語っています。

「（略）次のことにも答えてぼくを喜ばせてくれたまえ——国家にせよ、軍隊にせよ、盗賊や泥棒の一味にせよ、あるいはほかのどんな族《やから》でもよいが、いやしくも共同して何か悪事をたくらむ場合に、もし仲間どうしで不正を働き合うとしたら、いささかでも目的を果たすことができるだろうか？」

それに対してトラシュマコスが「できない」と応えると、ソクラテスはさらに続けます。

「ということはつまり、トラシュマコス、〈不正〉はお互いのあいだに不和と憎しみと戦いをつくり出し、〈正義〉は協調と友愛をつくり出すものだからだ。そうだろう？」

「（略）もし〈不正〉とは、そのように、自分が宿るところには必ず憎しみをつくり出すというはたらきをもつものであるならば、〈不正〉は、自由人たちの内に生じる場合でも、奴隷たちの内に生じる場合でも、人々を互いに憎み合わせ、争わせ、ひいては共同に何かをすることを不可能にさせるのではないだろうか？」

つまり不正が力を持つことはないし、長続きすることもない。逆に正義を貫くからこそ国は栄えると述べているのです。

「魂」の働きが、正義・不正を左右する

そして第1巻の終盤には、人間の「魂」についての言及が始まります。これが第3幕です。まず、「不正」に基づいた共同作業は不可能という話を引き継いで、個々人の内側でも不和を生じさせると説きます。

「そして、思うに、一個人の内にある場合にも、〈不正〉は同じこれら自己本来のはたらきを発揮することに変りはないのだ。すなわち、まずその人間をして、自分自身との内的な不和・不一致のために事を行うことを不可能にさせ、さらに自己自身に対しても正しい者に対しても敵たらしめるのだ、そうだね？」

その上で、人間が持つ「徳」も「悪徳」も、突き詰めれば魂の働きであると展開します。

「魂には、およそ他の何ものによっても果たせないような〈はたらき〉が、何かあるのではないか？　たとえば次のようなこと――配慮すること、支配すること、思案すること、およびこれに類することすべてがそうだ。はたして魂のほかに、これらのはたらきをすると考えてしかるべきもの、これらがその固有の仕事であると言いうるようなものが、何かあるだろうか？」

つまり、生きることのすべてが、結局は魂に由来するというわけです。魂と「徳」が結びつけば善い働きをするし、「悪徳」と結びつけば働きも悪くなります。

「してみると、劣悪な魂は必ず劣悪な仕方で支配したり、配慮したりするし、すぐれた魂はすべてそうしたはたらきを善く行なう、ということになる」

このあたりが、プラトン哲学の根底でしょう。「正しいこと」「善いこと」は協調や友愛と結びついてますます強固になる一方、「不正なこと」「悪しきこと」は憎しみや争いを生じさせ、加速度的に事態を悪化させる。すべては魂の働き、つまりは自身の心の考え方によって変わってくるということです。

巻は違いますが、第4巻の冒頭では以下のようにも述べています。

「（国家の建設で目標とすべきは）国の全体ができるだけ幸せになるように、ということなのだ。というのは、われわれはそのような国家のなかにこそ、最もよく〈正義〉を見出すことができるだろうし、逆に最も悪く治められている国家のなかにこそ、〈不正〉を見出すことができるだろう」

正義に包まれている国家なら、個人も健やかな魂で生きていける条件が揃うため、幸福になれる。幸福な個人によって構成されている国家が、幸福でないことはあり得ない。それが国家の正義をより強くする。こういう好循環のある国家を目指そうというのが、『国家』に込められた根幹のメッセージでしょう。

国家にも「魂」がある

第2巻以降は、第1巻の内容をさらに詳しく論じていると考えればわかりやすいと思います。

つまり、「善い魂の働き」をいかに国家運営に取り入れていくべきか、が大きなテーマです。善き魂を育てるための教育論や、理想的な支配者像などについて、具体的な議論を展開します。

その中には、今日から見れば突飛な主張も散見されます。たとえば、思想教育の徹底もその1つでしょう。ホメロスに象徴されるように、ギリシャ文化に詩文は欠かせないはずです。ところが、それらの娯楽性は魂を汚すとして、その教育を制限すべきと説いているのです。

ペロポネソス戦争で大敗したアテナイが、軍事強国を目指して再建を進めていたことは想像に難くありません。そのため、おそらく全体主義思想に基づいて中央集権的な色合いの濃い主張を展開したのでしょう。このあたりは、第1次世界大戦の大敗後、ヒトラーの登場によって全体主義国家の建設に邁進したドイツを見ているようです。

あるいは、理性のある哲人こそ国家の支配者（守護者）になるべきとしていますが、その人物はいっさいの私有財産を持つべきではないとも説いています。国家を支配すること自体がたいへんな名誉であり、神から神的な金銀を受け取っているようなものだから、人間世界の汚れた金銀は不要、という理屈です。

それればかりか、優秀な者同士で妻子をも〝共有〟すべきと主張しています。いわゆる「優生思想」の先駆とされていますが、さすがに現代の感覚からかけ離れています。いずれも、「魂の働き」に直結する施策のブレーンストーミングとして捉えればいいのではないでしょうか。

一方、プラトンの影響力が現代でも色褪せないのは、「魂」という一見神秘的な概念を持ち出しながら、そこから「善」と「悪」、「正義」と「不正」という人類にとって普遍的なテーマについて的を射た議論を繰り広げているからです。しかもそれが一個人の心の内の問題に留まらず、社会や国家、ひいては全宇宙まで視野を広げている。その壮大な世界観によって、長く読み継がれてきたわけです。

このうち第2巻〜3巻あたりまでは、まだソクラテスの思想が色濃く反映されていると言われています。しかし後半では、プラトン独自の考えが展開されていきます。

教育とは視力を与えることではなく、視界を変えさせること

第6巻と第7巻では、有名な「イデア論」とともに教育論を展開しています。先にも述べたとおり、「イデア」とはある種の理想郷のようなものです。

プラトンによると、「善のイデア」はすべてのものをくまなく照らす太陽の「光」に例えられるそうです。この光があるからこそ、人間はものを見ることができる。また見えるからこそ、人間は友愛と協調を愛し、「正義」を尊び、「善」を行うのです。

では、もしこの光が失われたり、何かに遮られたりしたらどうなるか。漆黒の闇の中で人間は盲目となり、友愛も協調も失われ、争いが生じて「不正」がはびこるとしています。

実は人間社会には、この光が直接差し込んでいるわけではないそうです。これについては、

第7巻の冒頭で「洞窟の比喩」を用いて説明しています。

人間は洞窟の奥で暮らす囚人のようなもので、手足を縛られ、奥を見ることしか許されない。背後には低い衝立があり、さらに後方には松明があり、衝立の部分では人間や動物の像を使ったある種の影絵芝居が行われている。洞窟の奥にはその影が映し出され、人間はそれだけが世界のすべてだと思い込んでいる。これが、人間界であるというわけです。「光」がほとんど差し込まないので、そのままでは不正が横行します。

そこで重要なのが、教育であるとプラトンは説きます。誰か1人が解放され、洞窟の外へ出て太陽の光を浴びたとしたら、その人物はまぶしさに苦痛を覚えるでしょう。しかし、しだいに慣れてくれば、それこそが真実の世界であり、「善のイデア」であり、洞窟の奥で見ていたものが文字どおり幻影でしかなかったことに気づきます。同時に、光を浴びることに幸福を感じ、洞窟に残る仲間たちを不憫に思うはずです。

そこでこの人物は、あらためて洞窟へ戻って仲間たちを外へ連れ出そうと試みます。ところが急に暗がりに入ったため、内部をよく見通せません。その姿を仲間たちはバカにして、やはり外に出るべきではない、洞窟の中こそが世界のすべてと思い込むようになる。無理やり外に連れ出そうとすれば、その人物は殺されるかもしれません。

それでもその人物はその場に留まり、ねばり強く外の世界について啓蒙する必要がある。つまり洞窟の奥を見続けている仲間たちを反転させ、松明と、さらにその先にある太陽光に気づかせるということです。また仲間たちも、人間である以上、本来はその話に感応する能力を持っているはずで、それが教育であると説きます。

「(略)そもそも教育というものは、ある人々が世に宣言しながら主張しているような、そんなものではないということだ。彼らの主張によれば、魂のなかに知識がないから、自分たちが知識をなかに入れてやるのだ、ということらしい——あたかも盲人の目のなかに、視力を外から植えつけるかのようにね」

「ところがしかし、いまのわれわれの議論が示すところによれば、(略)ひとりひとりの人間がもっているそのような〔真理を知るための〕機能と各人がそれによって学び知るところの器官とは、はじめから魂のなかに存在しているのであって、ただそれを——あたかも目を暗闇から光明へ転向させるには、身体の全体といっしょに転向させるのでなければ不可能であったように——魂の全体といっしょに生成流転する世界から一転させて、実在および実在のうち最も光り輝くものを観ることに堪えうるようになるまで、導いて行かなければならないのだ。そして、その最も光り輝くものというのは、われわれの主張では〈善〉にほかならぬ。そうではないかね?」

「教育とは、まさにその器官を転向させることがどうすればいちばんやさしく、いちばん効果的に達成されるかを考える、向け変えの技術にほかならないということになるだろう。それは、その器官のなかに視力を外から植えつける技術ではなくて、視力ははじめからもっているけれども、ただその向きが正しくなくて、見なければならぬ方向を見ていないから、その点を直すように工夫する技術なのだ」

つまりプラトンの教育論の本質は、「真理の探究」にあるわけです。これが自身の設立したアカデメイアのみならず、およそ1500年を経てルネサンス期に西ヨーロッパで大学が設立された際にも大きな示唆を与えたことは間違いありません。リベラルアーツ教育の原点が、ここにあります。

「救世主」をいかに育てるべきか

洞窟を最初に飛び出して太陽光を浴びた後、元の洞窟に戻った人物は、間違いなく人類にとって「救世主」ということになります。その原動力は、「善のイデア」をまとった究極の「善の魂」でしょう。

では、そのような救世主の善の魂はどうすれば育つのか。プラトンによれば、「善のイデア」のような存在は、感覚的にはなかなか理解できない別次元にあるとしています。それはちょうど、あらゆる物質を構成する原子が人間の目に見えないことと似ています。

そこで重要なのが、「理《ことわり》」を通してものごとを見ること。「善」を理解することは、物理現象の理屈を知るようなものだそうです。いくつかの計算式を積み上げることによって、一見不可解な現象が解明できることはよくあるでしょう。それによって得られるのが「知恵」なのです。

つまり「善」を知るには、感覚の世界に留まるのではなく、「理」の技術をマスターする必要があるわけです。プラトンは、そのベースとなるのが数学であり、幾何学であり、天文学であり、音楽理論等々であるとしています。

「すなわち、天空にあるあの多彩な模様（星）は、それが目に見える領域にちりばめられた飾りであるからには、このような目に見えるもののうちではたしかに最も美しく、最も正確ではあるけれども、しかし真実のそれとくらべるならば、はるかに及ばないものと考えなければならないということだ。真実のそれとはすなわち、真に実在する速さと遅さが、真実の数とすべての真実の形のうちに相互の関係において運行し、またその運行のうちに内在するものを運ぶところの、その運動のことであって、これらこそは、ただ理性（ロゴス）と思考によってとらえられるだけであり、視覚によってはとらえられないものなのだ」

たしかに単に星を見上げるだけでは、それは「当たり前に存在する星」でしかありません。しかし天文学や宇宙物理学の知識があれば、星の見え方はずいぶん違ってくるし、そこには新しい発見や感動もあるでしょう。

またその上で、目に見えない世界を追求する思考の技術として「哲学的問答法」を提唱しています。

「(略) ひとが哲学的な対話・問答によって、いかなる感覚にも頼ることなく、ただ言論(理)を用いて、まさにそれぞれであるところのもとへと前進しようとつとめ、最後にまさに〈善〉であるところのものそれ自体を、知性的思惟のはたらきだけによって直接把握するまで退転することがないならば、そのときひとは、思惟される世界(可知界)の究極に至ることになる」

これは特別な方法ではなく、プラトンの著作の中でソクラテスが一貫して実践してきた問答そのものです。言い換えるなら、ソクラテスが行ってきたことは常に対話による真理の探究であり、教育でもあったということです。

もっとも望ましい国家体制とは

そして第8巻では、国家の体制を5つの類型に分け、それぞれについて具体的に論述しています。

まずもっとも望ましいのは、「優秀者支配制」。もっとも優秀な魂、つまり知を愛し、真理を探究する魂を持つ哲人が支配する国政を指します。その存在は、もはや神的と言ってもいいかもしれません。国家全体にその魂が宿ることにより、真理と友愛に包まれたユートピア社会が実現する、というわけです。まだ存在したことはないが、新たに設立すべきと説いています。

次に優れているのは、スパルタ式の「王者支配制」。武骨な気概や節制の徳が国全体に宿り、健全で強力な力を発揮するとしています。3番目は貴族が支配する「寡頭制」。王者支配制よりは劣りますが、貴族には少なくとも強い名誉心に由来する徳があるので、それによって体面を繕う程度の国政は保たれるとしています。ところが4番目の「民主制」となると、そういう徳すら消滅してしまうので、野放図な欲得や放埒の悪徳が残る。その典型が当時のアテナイです。

そして5番目、もっとも劣悪なのが「僭主支配制」。下劣な魂の支配者の下にすべての国民が隷属するもので、不正と憎しみが充満する世界になると断罪しています。その断罪は、続く

第9巻でも全編を使って繰り返されます。僭主への憎悪がいかに大きかったかがわかるでしょう。

ただし、たった1人の支配者によって国政が運営されるという意味では、「優秀者支配制」と「僭主支配制」は似通っています。いずれも、国民は1人を除いて被支配者になるわけです。ではその両者を分けるものは何かといえば、支配者の魂の優劣です。被支配者の側が、それを自覚して心の中に哲人的・神的な支配者を求める必要がある。それを端的に表現しているのが、第9巻の以下の部分です。

「(略) トラシュマコスが被支配者というものについて考えたように、その人が自分の損害のために、下僕となって支配されるべきだと考えるのではない。われわれは逆に、あらゆる人にとって、神的な思慮によって支配されることこそが――それを自分の内に自分自身のものとしてもっているのがいちばん望ましいが、もしそうでなければ、外から与えられる思慮によってでも――より善い(為になる)と考えるからなのだ。われわれのすべてが、同じものに導かれることによって、できるかぎり相似た親しい友となるためにね」

先にも述べたとおり、プラトンが提唱した哲人国家を体現した生身の支配者は、今のところ現れていません。しかしプラトンの没後およそ400年を経て、パレスチナの地に「神の子」

を自称するイエスが誕生します。以来、イエスに率いられたキリスト教は、２０００年にわたって一貫して世界宗教への歩みを進めてきました。その観点で振り返ると、プラトンの指摘はきわめて示唆的と言えるでしょう。

死後の世界を描いた「エルの物語」

最終の第10巻では、神的な思想が前面に押し出されます。描かれるのは、正義・不正義それぞれに生きた人々の死後の世界です。

プラトンによれば、人間の肉体は滅んでも魂は不死であり、いずれまた別の肉体に宿って蘇るとしています。ただしそのプロセスでは、「神の審判」を受ける必要があります。生前の行いがよかった魂は天上界に召されて祝福を受け、悪かった魂は地下の地獄へと落とされる。そして１０００年の後、いずれの魂も新たな生を受けることになるそうです。

そこで紹介されるのが、勇敢な戦士エルの物語です。彼は戦場で戦死し、10日後に埋葬されることになりましたが、他の死体が軒並み腐る中、彼の死体だけは生前のままでした。ならばと自宅へ返還され、12日後に火葬されることになりますが、その直前に薪の上で彼は生き返ります。「神の審判」の場で、神から「死後の世界のことを人間に報告せよ」というミッションを授けられたのです。

「（略）その要点というのは次のようなことなのだ。
すなわち、それぞれの者がかつて誰かにどれだけの不正をはたらいたか、どれだけの数の人々に悪事を行なったかに応じて、魂はそれらすべての罪業のために順次罰を受けたのであるが、その刑罰の執行は、それぞれの罪について一〇度くり返して行なわれる。すなわち、人間の一生を一〇〇年とみなしたうえで、その一〇〇年間にわたる罰の執行を一〇度くり返すわけであるが、これは、各人がそのおかした罪の一〇倍分の償いをするためである。たとえば、国や軍隊を裏切ることによって、多くの人々の死をもたらしたり、奴隷の状態におとしいれたり、その他何らかの悪行に加担したりしたような者があれば、すべてそのような所業に対して、それぞれの罪の一〇倍分の苦痛を与えられることになる。他方また、いくつかの善業をなしたことのある者、正しく敬虔な人間であったものがあれば、同じ割合でそれにふさわしい報いを与えられるのである」

では、それぞれの報いや罰を受けた魂は、その後どうなるのか。戻ってきた魂は7日間をもとの場所で過ごし、8日目に旅に出ます。その4日目に、上方から天と地を貫いて伸びている柱のような光が見えてくるそうです。さらに1日歩いて光の柱のもとに達すると、それが天球を縛る巨大な光の締め綱であることに気づきます。

魂は、そこで女神から神官を経由して「籤」と「生涯の見本」を渡されます。その籤には番号が書かれていて、自分の番が来たら「生涯の見本」の中から次の生涯を選ぶわけです。

「ありとあらゆる種類の生涯の見本がそこにはあった。あらゆる動物の生涯があったし、人間の生涯も、あらゆるものがそろっていたからである。たとえば、そのなかには独裁僭主の生涯もあったが、それも、一生つづくのもあれば、途中で滅びるのもあり、貧乏や追放に終るもの、乞食となりはてるもののもある、というふうであった。名高くなる男たちの生涯もあったが、そのあるものは姿かたちの点で、容貌の美しさの点で、あるいは強さの点で、競技の腕前の点で、名高くなる男たちの生涯であり、あるものは氏素姓と先祖の功業において名高くなる男たちの生涯であった。また、こうした点にかけて評判の悪い男たちの生涯もあり、同様にして女たちの生涯にも種々さまざまなものがあった」

この瞬間の選択を間違わないために、人間は学び続けなければならないとソクラテス（の口を借りたプラトン）は説きます。またこのときの神官が、魂に向けて以下の言葉を告げる場面もあります。

「最後に選びにやって来る者でも、よく心して選ぶならば、彼が真剣に努力して生きるかぎり、満足のできる、けっして悪くない生涯が残されている。

最初に選ぶ者も、おろそかに選んではならぬ。最後に選ぶ者も、気を落としてはならぬ」

ところがエルの観察によれば、一番の籤を引いた者は、浅はかさと欲深さのため、「最大の独裁僭主」の生涯を選んでしまいます。だいたい天上界で暮らした魂ほど、苦悩によって教えられることがなかったため、安易に生涯を選ぶ傾向があったそうです。逆に地下の地獄を経験した魂は、慎重で賢明な選択をしたと述べています。

ちなみにこのとき、たまたま最終番の籤を引いたのが、第1章で紹介したホメロスの叙事詩『オデュッセイア』の主人公オデュッセウスの魂でした。彼は「前世における数々の苦労が身にしみて、もはや名を求める野心も涸れはてていた」ため、地味な一私人の生涯を選択します。仮に一番の籤を引いたとしてもこれを選んだ、と喜んだそうです。

こうして全員が新しい生涯を選び終わると、魂たちは次に「放念の河」へ連れて行かれ、その河の水を飲みます。文字どおり、それによって過去のことをいっさい忘れるわけです。ただしエルだけは、ミッションのために飲むことを許されませんでした。

その日の深夜、雷鳴が轟き、大地が揺らぐとともに、それぞれの魂は流星のように飛び去ります。ここから、新たな場所で新たな生涯が始まるのです。一方、エルはそれを見届けた後、次に目を開けてみると、火葬のために薪の上に横たわっている自分の肉体に気づきます。こうして生還し、死後の世界の出来事を人々に語って聞かせるわけです。

すべての道は「幸福」に通ず

この一連の物語の中で、プラトンはソクラテスを通じて以下のように述べています。

「氏素性の良さ悪さ、私人としてあることと公的な地位にあること、身体の強さ弱さ、物分りの良さ悪さ、そしてすべてそれに類する魂の先天的ないしは後天的な諸特性が互いに結びつくとき、何をつくり出すかを知らなければならぬ。そうすれば、その人は、すべてこれらの事柄を総合して考慮したうえで、もっぱら魂の本性のことに目を向けながら、魂がより不正になるような方向へ導く生涯を、より悪い生涯と呼び、より正しくなるような方向へ導く生涯を、より善い生涯と呼んで、より善い生涯とより悪い生涯とのあいだに選択を行なうことができるようになるだろう。そしてほかのことには、いっさい見向きもしないようになるだろう。なぜならば、われわれがすでに見定めたように、そのような選択こそは、生きているものにとっても死んでからのちにも、最もすぐれた選択にほかならないのであるから。

（略）なぜならば、人間はそのようにしてこそ、最も幸福になれるのだから」

そして同書の最後は、以下のように結ばれています。

「もしわれわれがこの物語を信じるならば、それはまた、われわれを救うことになるだろう。そしてわれわれは、〈忘却の河〉をつつがなく渡って、魂を汚さずにすむことだろう。しかしまた、もしわれわれが、ぼくの言うところに従って、魂は不死なるものであり、ありとあらゆる悪をも善をも堪えうるものであることを信じるならば、われわれはつねに向上の道をはずれることなく、あらゆる努力をつくして正義と思慮とにいそしむようになるだろう。そうすることによって、この世に留まっているあいだも、また競技の勝利者が数々の贈物を集めてまわるように、われわれが正義の褒章を受け取るときが来てからも、われわれは自分自身とも神々とも、親しい友であることができるだろう。そしてこの世においても、われわれが物語ったかの千年の旅路においても、われわれは幸せであることができるだろう」

どのような境遇であれ、魂は気高く、節制を保ち、常に「善」を追求しなければならない。それはけっして苦役ではなく、むしろもっとも幸福に近づく道である、というわけです。『国家』をここまで読み進めてくれれば、おおいに共感できるのではないでしょうか。

コラム

プラトン（紀元前427年〜前347年）

「善のイデアは宇宙的な広がりを持ち、類まれなる理性の力をもってそれを観ることができる者こそがリーダーとなって善の光芒で人々を照らすのだ」

古代ギリシャの哲学者。ソクラテスの弟子であり、アリストテレスの師でもある。

プラトンの思想は西洋哲学の主要な源流であり、「西洋哲学の歴史とはプラトンへの膨大な注釈である」とする学者もいる。著作は『ソクラテスの弁明』『国家』など多数。現存する大半は対話篇という形式で、その多くはソクラテスを主要な語り手としている。

40歳のとき、アテナイの郊外アカデメイアに学園を創設。授業は教師と学生による対話が中心で、哲学や政治学の他、天文学や数学、生物学なども教えたという。この学生の1人が、アリストテレスだった。

第5章

アリストテレス『ニコマコス倫理学』が掲げる実践主義

アリストテレスはなぜ大地を指し示しているのか

ふたたび、バチカン宮殿にあるラファエロの絵画「アテナイの学堂」に戻ります。その中央、右手で天空を指すプラトンの隣にいて、対照的に右手で大地を指し示しているのがアリストテレス（紀元前384年～前322年）です。ソクラテス、プラトンと並び称される、西洋最大の哲学者の1人です。その多岐にわたる自然研究の業績から、「万学の祖」とも呼ばれています。後に東征によって大帝国を築き上げたマケドニアのアレクサンドロス大王の、若き日の家庭教師だったことでも有名でしょう。

もともとアリストテレスはプラトンの弟子でした。プラトンの設立した学園「アカデメイア」で20年ほどを過ごし、存分にその薫陶を受けているはずです。実際、著書には、その影響を感じられる箇所が多々あります。

また晩年には、アテナイ郊外に学園「リュケイオン」を創設しています。弟子たちとともにこの学園内の歩廊を逍遥（そぞろ歩き・散歩）しながら議論を戦わせることを常としたため、アリストテレスの一派は「逍遥学派」と呼ばれました。「アカデメイア」とはライバルのような関係にありましたが、やはり529年に東ローマ帝国のユスティニアヌス1世の時代に「異教の施設である」として閉鎖されています。

図表5−1　「アテナイの学堂」に描かれるプラトンとアリストテレス

プラトンもアリストテレスも、個人の問題のみならず、国家のような集団がいかに幸福になれるか、というテーマに取り組んだことは変わりません。ともにアテナイの民主制に疑義を呈し、なおかつ独裁僭主を嫌悪したことも同じです。

プラトンはそこから、支配者の「魂」の問題に言及します。理想郷としての「イデア」を想定し、そこに向かうためには「善」や「徳」や「清らかさ」が不可欠と説いたわけです。そのために、死後の世界における「魂の裁き」の逸話までを持ち出したことは、前章で見たとおりです。

アリストテレスもまた、「善」こそが人々を幸福に導くと考えます。しかし支配者より国民に目を向け、また「イデア」ではなく現実的な技術としての政治を考えます。「アテナイの学堂」で大地を指しているのは、それを象徴しているわけです。

「幸福」の鍵は「イデア」よりも政治にあり

アリストテレスは、人間の本性が「知を愛する」ことにあると考えました。ギリシャ語でこれを「フィロソフィア」と言います。「フィロ」は「愛する」、「ソフィア」は「知」を意味します。この言葉が、ヨーロッパの各国の言語で「哲学」を意味する言葉の語源となったわけです。

プラトンと同様、アリストテレスも多数の著作を残しました。多くは散逸したとされていますが、それでも政治学や倫理学、生物・動物学、天体学、自然学、演劇学、それにプラトンを見習った対話篇など、ジャンルは多岐にわたります。それらは、イスラム哲学や中世スコラ学、さらには近代哲学・論理学にも多大な影響を与えています。

アリストテレスにとっては、これらすべてが「フィロソフィア」でした。つまり「哲学」とは、知的欲求を満たす行為そのものと、その結果を指すわけです。そう定義するなら、現在の学問のほとんどは「哲学」の範疇ということになるでしょう。

このうち本書では、まず「善」や「幸福」をテーマとした『ニコマコス倫理学』を取り上げます。「アテナイの学堂」において、左手に持っているのがこの本とされています。「ニコマコス」とはアリストテレスの息子の名で、倫理学に関する多数の著作を彼がこの1冊に編纂したことから、こう呼ばれています。

前章で見た『国家』などと同様の大著で、全10巻で構成されています。「善」の考察から始まり、倫理的な「徳」（寛厚、豪華、矜持、穏和、親愛、真実、機知、羞恥）と知性的な「徳」（学、技術、知慮、直知、智慧）について説いています。

ちなみに「巻」とは、パピルスをつないで巻き物のようにしたものを指します。したがって書き込める量が物理的に限定されるため、今日の本の「章」のように、かならずしも内容によってはっきり区切られているわけではありません。

まず興味深いのは、「徳」に対する考え方。プラトンは「徳」を、「習慣」の積み重ねによって獲得できるものと「真理の追究」によってのみ得られるものとに分類した上で、後者に重きを置きました。前者はその〝似姿〟でしかないとしています。

たとえば『国家』では、以下のように述べています。

「（略）魂の徳とふつう呼ばれているものがいろいろとあるけれども、ほかのものはみなおそらく、事実上は身体の徳のほうに近いかもしれない。なぜなら、それらの徳はじっさいに、以前にはなかったのが後になってから、習慣と練習によって内に形成されるものだからね。けれども、知の徳だけは、何にもまして、もっと何か神的なものに所属しているように思われる」

「彼は前世において、よく秩序づけられた国制のなかで生涯を過したおかげで、真の知を追求する（哲学する）ことなく、ただ習慣の力によって徳を身につけた者だったのである。（略）彼らは、苦悩によって教えられることがなかった。（以下略）」

習慣や恵まれた環境によって「徳」を身につけることは簡単だが、それだけでは足りない。真の「徳」は、自ら努力や苦労をして摑み取る必要があるということでしょう。

それに対してアリストテレスは、『ニコマコス倫理学』の冒頭で「最高善は政治的である」と宣言しています。

「いかなる技術、いかなる研究も、同じくまた、いかなる実践や選択も、ことごとく何らかの善を希求していると考えられる。『善』をもって『万物の希求するところ』となした解明の見事だといえる所以である」（『ニコマコス倫理学』高田三郎訳、岩波文庫・以下同）

「したがって、『人間というものの善』こそが政治の究極目的でなくてはならぬ。まことに、善は個人にとっても国にとっても同じものであるにしても、国の善に到着しこれを保全することのほうがまさしくより大きく、より究極的であると見られる。（略）われわれの研究はこうしたことがらを希求するものであり、この意味でそれは一種の政治学的な研究だといいえよう」

また政治学の探求とは、知識ではなく実践が重要との指摘もあります。プラトンを否定するように、情念のままに学んだ知識は無益であるとまで述べています。あくまでも習慣を重視し、「善き習慣」を身につけさせる政治こそが大事だと説きました。だから立法や行政のあり方にこだわったのです。

「倫理」とは習慣・経験によって得るもの

以下に、『ニコマコス倫理学』を概観していきます。

第1巻では、先に見たとおり「政治」の重要性について述べた後、「幸福」について言及します。結局それは、「善」の最高の形であり、誰もが究極的に追い求めるもの、としています。ただし「幸福」の捉え方は人によって違います。それぞれに魂を「よい状態」に保つことこそが幸福であり、それは1日で成し遂げられるものではなく、長い年月をかけて蓄積される習慣の積み重ねが不可欠としています。それを可能にするのがよい施策、つまり政治だというわけです。

こうして現実主義を追求するアリストテレスは、当然のようにプラトンの説くイデア論を否定します。いわば人類共通の究極のイデアが存在するわけではなく、人それぞれに目指すべき善は違う、というわけです。


「(イデアについて) たとえあらゆる善について共通的に述語されるような、ないしは独立的にそれ自身としてあるごとき何らか単一な善が存在するとしても、それは人間の行なうべき善、獲得すべき善というものを意味するものでないことは明らかであろう」


その上で、「人間的な善」というものについて具体的な分類を試みていきます。まず人間の魂は、「ことわり(理性)」の「ない部分」と「ある部分」に二分されるとしています。

さらに、それぞれの部分もまた二分して考えます。「ない部分」については、「生物として生育をつかさどる植物的な部分」と「欲望・欲求をつかさどる部分」があり、このうち前者については「人間的な卓越性」とは呼べないとしています。このあたりは容易に納得できるでしょう。

では後者の「欲望・欲求的な部分」はどうか。この部分が理性によって抑えられているとすれば、「非理性」でありながら理性と深く関わっていることになります。つまり理性と「欲望・欲求的な部分」とは、常に呼応状態にあり、影響し合っているわけです。

一方、「ことわり」の「ある部分」については、「真に理性を働かせる領域」と「過去の思考や経験の蓄積によって形成された行動規範のような領域」があるとしています。このうち前者を「知性」、後者を「倫理」と呼んでいます。「知性」とは自らのうちに「ことわり」を持つこと、そして「倫理」とは父親に言われて従うようなもの、とも表現しています。

これに合わせて、「人間的な卓越性」も二分します。「智慧」「知慮」などは「知性的な卓越性」であり、「寛厚」「抑制」などは「倫理的な卓越性」であるとしています。プラトンが重視したのは前者ですが、アリストテレスは後者に着目します。これは習慣づけによって得られるものであり、それを「エートス」と呼びました。これが「倫理的（エーティケー）」という言葉の語源にもなっています。

ちなみに今日、私たちが日常的に使う「エチケット」の語源が「エーティケー」です。たしかにエチケットは、後天的な習慣によって得られる「倫理」に負うところが大きいでしょう。

アリストテレスは、これを魂の理性の働きの一区分として定義したのです。

人は習慣づけによって正しくも不正にもなる

さらに「倫理」について、「人間の獲得すべき善」であるとして論考を深めていきます。

先にも述べたとおり、「倫理的な卓越性」は習慣によって身につけるものです。逆に言えば、人間が先天的に持って生まれたものではありません。ただし、「倫理的な卓越性」を受け入れる用意はあらかじめできている。そこを習慣づけによって埋めていくことで、善が獲得されると考えたわけです。

その解説としては、以下の言葉がわかりやすいでしょう。

「たとえばひとは建築することによって大工となり、琴を弾ずることにより琴弾きとなる。それと同じように、われわれはもろもろの正しい行為をなすことによって正しいひととなり、もろもろの節制的な行為をなすことによって節制的なひととなり、もろもろの勇敢な行為をなすことによって勇敢なひととなる」

「われわれは、すなわち、対人的な社会的交渉における諸般の行為をなすことによって、或いは正しい、或いは不正な人間になるのであり、また恐ろしきことがらのさなかで実際に行為することによって、つまり、或いは恐れるように、或いは平然たるように習慣づけられることによって、或いは勇敢な、或いは怯懦な人間となる。欲情とか怒りとかに関するもろもろの行為も同様であって、すなわち、或いは節制的なひとや穏和なひととなり、或いは放埒なひとや怒りっぽいひととなるのも、そのようなことがらにおける行動の仕方の相違に基づいている。（略）つとに年少のときから或る仕方に習慣づけられるか、あるいは他の仕方に習慣づけられるかということの差異は、僅少ではなくして絶大であり、むしろそれがすべてである」

そこで重要なのが、政治であると説きます。国民によい習慣づけを提供するのが立法者の役割であり、その成否がよい国政と悪い国政を分けるとしています。言い換えるなら、人の上に立つ人は、相応に人の「魂」についての理解と、それをよくするための技能が必要ということです。その重要性を、医者になぞらえて以下のように述べています。

「してみれば、明らかに、政治家・政治学徒は何らかの程度において魂に関することがらを知っていることを要するのであって、それはちょうど、眼とかその他およそ身体の医療を行おうとするひとのごとくであり、それも政治が医療よりもより尊くより善いものであるだけに、いっそうわれわれ（政治家・政治学徒）の場合における必要は大きい。医者もたしなみのあるひとは身体に関する知識のために腐心するのである。かくして、政治家・政治学徒も魂に関して研究するところがなくてはならないが、かかる研究も、しかし、そういう目的のためになされるべきであり、つまり、求められるところにとって充分である程度においてなされるのでなくてはならない」

9種類の「中庸の徳」

第2巻から第6巻では、「徳」がさらに厳格に細分化されて定義されます。ここが、同書の最重要部分でしょう。

同書によると、「徳」には「勇敢」「節制」「寛厚」「豪華」「矜持」「親愛」「穏和」「真実」「機知」の9種類があります。一見してわかるように、これらは西洋社会における騎士道やジェントルマン（紳士）の雛形でもあります。アリストテレスがそれを形成したわけです。なぜ西洋社会でエリートがアリストテレスを学ばなければならないのか、この点からも明らかでしょう。

以下に、その具体論を簡潔にまとめてみます。

まず、「徳のある人」とはどういうイメージか。おそらくそれは、血気あふれる若者というより、さまざまな経験を重ねた中高年層ではないでしょうか。つまり「徳」とは生来持っているものではなく、年齢や経験とともに滋養していくものだと思います。

だから、「徳がある」といっても人によって特徴が出るわけです。勇敢な人もいれば、穏和な人もいる。機知に満ち溢れている人もいます。それは、その人が置かれた環境でどういう経験を積んできたか、その場その場の状況でどういう決断や対応をしてきたかによって左右されるのです。

人間には「勘考」という能力があります。ある状況を把握したら、目的に達するための選択肢を考え、一番いいと思われるものを選ぼうとします。またその結果がどうなったかを検証し、うまく行かなかった場合には修正を加えて次回に臨もうとするはずです。

こうした決断や対応は、最初のうちは頭の中で懸命に考えながら行っていくでしょう。しかし同じような状況が続くとすれば、試行錯誤を繰り返すうちに慣れてきます。つまり習慣化するわけです。これが、その人にとっての「徳」、場合によっては「悪徳」となるのではないでしょうか。

その前提で、先に挙げた9種類の「徳」を概観してみます。

まず「勇敢」は、過ぎれば無謀となり、少なければ臆病となります。「節制」とは、欲に溺れずに自分を戒めることができることです。アリストテレスが定める欲とは、美的または知的なものではなく、肉体的なもの、つまり性欲や食欲を指します。欲に溺れれば放埒となりますが、逆に欲がなさ過ぎると無感覚な人になります。

「寛厚」とは、お金の使い方が適切なことを指します。だらしなければ放漫と呼ばれますが、倹約も度が過ぎれば守銭奴となります。「豪華」も似ていますが、世の尊敬を得られるよう適切にお金を使うことを指します。派手さに走るとムダと不評を買い、出し惜しみをするとみすぼらしくなります。

「矜持」は、自らの存在価値を見きわめて表現することを指します。行き過ぎると傲慢になり、逆にコンプレックスの塊のようでは卑屈と見なされます。

「穏和」とは、怒りの感情にどのように対処するかに関わります。たとえ怒ったとしても、いつまでも引きずらないことが肝要でしょう。このコントロールができないと、怒りっぽいとか執念深いなどと評されます。逆に怒るべきときに怒れないと、意気地がない、気概ないと呼ばれます。

「親愛」とは、要するに人との接し方です。単に柔和に接するだけではなく、ときには苦言を呈したりすることも親愛の一部でしょう。行き過ぎれば媚びへつらいにつながり、そこに裏や魂胆があれば「佞人（よこしまな人）」と呼ばれます。かと言って親和的な態度を一切示さなければ、それは不愉快な印象を与えるだけです。

「真実」も人との接し方に関係するもので、自分をいかに表現するかということです。見栄や外聞を気にする感情は誰でも持っているもので、それをゼロにすることは不可能でしょう。重要なのは節度で、行き過ぎれば虚飾になり、抑え過ぎれば卑下になります。謙虚さは美徳でしょうが、度を越せば嫌味でしかありません。

最後の「機知」とは、TPOをわきまえた発言を指します。緊張する場を冗談で和ませることができれば、周囲から喜ばれます。しかし場違いにふざければ煙たがられ、冗談の1つも言えないようでは野暮、つまらない人と評されるでしょう。

図表5-2　アリストテレスが考えた9つの「中庸の徳」と10番目の「徳」としての「応報的な正義」

	過少		中庸		過多
1　（恐怖について）					
	恐怖・怯懦	⇔	**勇敢**	⇔	平然・無謀
2　（快楽について）					
	無感覚	⇔	**節制**	⇔	放埓
3　（金銭の使い方について）					
	ケチ	⇔	**寛厚**	⇔	放漫
4　（式典等の行いについて）					
	こまかい	⇔	**豪華**	⇔	派手・粗大
5　（自意識について）					
	卑屈	⇔	**矜持**	⇔	傲慢・倨傲
6　（怒りについて）					
	意気地なし	⇔	**穏和**	⇔	怒りっぽい
7　（他人との接し方について…1）					
	卑下	⇔	**真実**	⇔	虚飾
8　（他人との接し方について…2）					
	愛想なし・嫌なひと	⇔	**親愛**	⇔	機嫌取り・佞人
9　（ユーモアについて）					
	野暮	⇔	**機知**	⇔	道化
10（対他的関係において）					
	不正搾取	⇔	**正義・応報**	⇔	**不正利得**

以上の9種類の「徳」には、共通点があります。どちらの方向にせよ、行き過ぎては意味がないということです。しかし若いうちは、一方に突っ走ってしまうこともあるでしょう。いわゆる〝若気の至り〟です。そこで痛い目に遭い、反省し、次はもっと適当な落としどころを見つけるようになる。

こういう経験の繰り返しの中で、しだいに〝さじ加減〟や〝ツボ〟を身につけていくわけです。これが、アリストテレスの説く有名な「中庸の徳」と呼ばれるものです。その経験の種類や数によって習慣がそれぞれ異なり、その人なりの「徳」が形成されると考えればわかりやすいでしょう。

「正義」とは均衡・公平のこと

また第5巻では、「徳」の1つとして「正義」について考察しています。

プラトンは「正義」について、「臆見」という概念を使って説明しています。前章で述べた「洞窟の奥で暮らす囚人」のように、多くの人はぼんやりと影を追っているだけで、本当の世の中を見ていない。だから憶測で判断するしかなく、正しい行いができません。これが「臆見」です。

言い換えるなら、洞窟を出て太陽光を浴び、理想の姿（イデア）を知る必要がある。つまり

図表5-3　10番目の「徳」としての「応報的な正義（＝フェア精神に基づく正義）」

広義の「正義」＝「善」＝「徳」の全体

ソクラテス・プラトンの解明

●「正義」「善」を尊ぶ精神に満たされている国家にこそ「幸福」がある。

●この認識を広めることが何よりも大事である。
→「善のイデア」の概念
→死後の世界での魂の審判「エルの物語」

アリストテレスの解明

●「正義」にはさまざまな解釈がある。「善」「宜しきこと」のすべてを指し示す場合もあれば、狭義の解釈として「応報的な正義」（“フェア精神”）を指す場合もある。

●狭義の「応報的な正義」（＝フェア精神）は、他の９つの「徳」と同じように習慣によって獲得可能な10番目の「徳」といえる。

アリストテレスが後世に残した功績は多々ありますが、その最大は何でしょうか。

師プラトンは、ソクラテスの口を借りて、こう述べています。

「<正義>それ自体がそもそも何であるかわかっていなければ、それが徳の一種であるのかないとか、それをもっている人が幸せであるかないかといったことは、とうていわかりっこないだろうからね」（『国家』第一巻末尾）

しかし、プラトンの著作にはこの問題の明確な答えは見当たりません。曖昧さを多分に含むまま「正義」あるいは「善」とは「宜しきもの」としたうえで、「それ自体が尊ぶべきもの」としているのです。

そして、すでに述べましたように、
1）世の中にこの認識（正義を尊ぶべきこと）を広めること（「エルの物語」）
2）「善のイデア」を体現するリーダーを育成すること
2つの施策によって、彼らが指摘した「個人と国家の２つのレベルの幸福」を調和させようとしています。

アリストテレスの秀逸は、「正義」を“広義”と“狭義”の2つの意味合いに分けて整理したうえで、「応報的な正義」、つまり対他的なものごとに公正・公平であること、「均」（フェア）を旨として行動規範とすること、これを他の９つと同様に習慣によって獲得することが可能な「徳」の１つであると見事に解明した点でありましょう。

しかも『ニコマコス倫理学』では第五巻すべてが「正義」の考察にあてられています。他の９つの「徳」と比較すると格段に手厚い扱いです。それだけ重要な、欠くことが許されていない「徳」だということでしょう。

この“フェア精神”をもって、個人のレベルでも、国家 のレベルでも、その 礎にすべきと唱えたのです。

師ソクラテス・プラトンが探し求めた「善のイデア」の“正体”を、ついに、弟子アリストテレスが解明したのかも知れません。

知識を得ることが、正義の実践には欠かせないと説いたわけです。

しかしアリストテレスの考え方は違います。たしかに知識が魂の働きを助けることもありますが、正義については倫理的な部分の影響が大きい。つまり、長年の習慣によって身につけていくものだと考えたのです。

そこでまず、「正義」を広義の「適法的」なものと、狭義の「均衡的」なものに分けて考えます。前者は一般的な正義の解釈で、社会のルールに則って正しいことを行うこと、それに喜びを感じること、または正しさを求める状態を指すとしています。つまり、美徳全般が正義であると捉えていいでしょう。また「正義」の反対語を「悪徳」とすれば、それは社会のルールに反することで利益を得ること、あるいはそこに罪の意識を持たないことと定義されます。

一方、狭義の「均衡的」な正義とは、自分と他人との利害関係から定義されるものです。ざっくり言えば、両者の間でどれだけ不均衡を是正し、公平感を得られるかということです。

先の「中庸」に当てはめて考えるなら、自分の利益を優先して相手から搾取する行為は「不正利得」です。逆に、いつも脅されたり騙されたりして財産を取られるとすれば、それは「不正搾取」でしょう。いずれも好ましくないことは明らかですが、その中間で均衡点を見つける行為が「正義」というわけです。あるいは不平等や格差を是正し、不正や過失により被った損害を賠償するような矯正行為も、やはり「正義」と見なされます。

いずれにせよ、自分が正義を実践すれば、人からも正義がもたらされる。その意味で正義は

「応報」であるとも言えます。だとすれば、正義は自分だけの問題ではなく、他人や社会全般とも関わります。

だからこそ、正義は国家レベルで目指すべきものなのです。自分だけではなく、他人にも美徳で接し、均衡に喜びを見出す人ばかりの正義の国家になることが、幸福な社会と言えるでしょう。この発想が、次章で述べる『政治学』にもつながっています。

「愛」は「正義」に勝る

少し飛びますが、この「正義」に通じるのが第8巻の「愛（フィリア）」についての記述です。後のキリスト教にはしばしば「愛」の概念が出てきますが、その原点はここにあるのです。

そもそも愛すべき対象には、「善きもの」「快適なもの」「有用なもの」の3種類があるとしています。ただし、このうち「快適なもの」「有用なもの」は、あくまでも〝自分にとって〟という前提があります。もしその前提が失われれば、つまり相手が自分にとって快適でも有用でもなくなれば、「愛」は消える。それだけに、失われやすい「愛」だとしています。

また、快適さや有用さを求めて、悪しき人同士が結びつくことはよくあります。あるいは善き人と悪しき人の間で契約的な関係が生じることもあります。しかし「カネの切れ目が縁の切れ目」のごとく、快適さや有用さが失われれば、その時点で関係は解消されるでしょう。

その点、「善きもの」同士の友人関係であれば、快適や有用を度外視した人間対人間の結びつきなので、そう簡単に切れることはありません。アリストテレスは、それが最高の「愛」であると定義しています。

さらに、以下のように続けます。

「また、誹謗によって害《そこな》われることのないのも善きひとびとのあいだにおける愛のみである。けだし、自己による久しい吟味を経たひとに関しては、他人の言説は、何びとの言説であるにせよ信じがたいからである。かような信頼も、また相手が決して不正を行わないだろうという予測も、その他およそ真の愛において要請されるところのもろもろの条件が、善きひとびとにおいてはことごとく具備しているのである。これ以外の愛の種類の愛にあっては、しかし、そういった危険がないという保障はまったくない」

善き人たちは、善き人であること自体が快適なので、互いに快適さや有用さを求めなくても良好な関係が続きます。またその関係は、お互いに善き人であるかぎり変わりません。また善き人とは、これまで述べてきたように「徳」に根ざしています。それが長年の習慣によって培われたものであるほど、そう簡単には崩れません。つまり、最高の「愛」こそ無条件に存続しやすいわけです。

人々が互いに親愛的であれば、均衡や平等は自ずから成り立つでしょう。だとすれば「正義」も必要ではなくなります。「正」の最高のものが「愛」なのです。それを国家レベルで考えるとすれば、あらゆる為政者は国民が「愛」によってつながるような国家づくりを目指すべきでしょう。

以上を理想像とすれば、次に考えるべきは、その「徳」に近づくために何を実践すればいいかということです。また前に戻りますが、これについて言及しているのが第3巻です。

それによると、「徳」ともっとも密接な関係にあるのは「選択」であるとしています。選択とは「思量」することであり、たとえば「願望」や「欲情」や「憤激」とは違います。何かの目的を設定した上で、自分の力の及ぶ範囲内でそれをいかなる仕方で、いかなる手段によって達成するかを考えることを指します。

もちろん、いくつかの選択肢があれば、その中から最善の手は何かを考えるでしょう。あるいは選択肢が1つであれば、その具体的な方法論を詰めたり、さらにその先にどんな選択肢が待っているかを想定したりするはずです。現代風に言えば「問題解決思考」を積み重ねることが、その人の「徳」を形成するということです。

「考える」には5つのパターンがある

そして第6巻では、「考える」ことについて詳細な分析を試みています。「徳」のある行動を考えて選ぶには、それなりの意識の高さと知性が求められます。アリストテレスによれば、それには大きく5つのパターンがあります。

1つ目は「学（エピステーメー）」で、確証をもって知られていることを学ぶこと。いわば教科書を読むようなものです。2つ目は「技術（テクネー）」で、「制作」に関わる知性。芸術家や建築家のノウハウやアイデアと考えればいいでしょう。3つ目は「直知（ヌース）」で、知性的能力の範疇ではない、ひらめきのような知性を指します。いわば直観です。4つ目は「知慮（フローネイシス）」で、あいまいな事柄について目的を見つけ、実践的に善悪の判断ができること。5つ目は「智慧（ソフィア）」で、主観を交えずに観察・研究する知性を指します。

ソクラテスやプラトンは、正義や善や幸福は「智慧」であると考えました。それに対してアリストテレスが重視したのが「知慮」です。英語では〝wisdom〟と表記され、〝The man is with wisdom〟と言えば「その場その場で生じる諸問題を絶妙に捌ける人」という意味になります。

それを身につけている人は「思量の巧者」であり、単に知識を持つよりも有益であるとしています。それを端的に表すために、以下のような例を挙げています。

「たとえば、もし、ひとが『軽い肉は消化がよく健康にいい』ということは知っていても『いかなる肉が軽いか』を知らないならば、このひとは健康を生ぜしめることはできない。それよりはむしろ『鳥の肉が健康にいい』ということを知っているひとのほうが、身体に健康をもたらすことに成功するであろう」

とりわけ「知慮」が重要な役割を果たすのは、人間関係においてでしょう。人間は「社会的動物」なので、集団の中でどのように振る舞うかは太古からの課題です。それに対処するために、「知慮」が欠かせないと説いているわけです。

それがいかに正鵠を射ていたかは、アリストテレスの考えた「徳」が、現在でも西洋のジェントルマンシップ、言い換えるなら「立派であること」の基準として脈々と生きていることからもわかります。人生において大切な命題を、2400年前に適切に示していたということです。

たとえば恐怖に対し、その時々でどのように振る舞えるか。無謀なことをしたり、逆に立ちすくんでしまったりしていては、「立派」とは称されません。あるいは欲望のままに自分を見失ったり、ストイックを貫いてせっかくのチャンスを逃したりしていては、自分を高めることはできないでしょう。いずれにしても、「知慮」を働かせて自分だけの最適解を求める必要があります。

お金との向き合い方も大事でしょう。資産や収入に見合う暮らしを心がける必要があります。浪費・散財してばかりでは生活が成り立ちませんが、あまりに吝嗇では世間が狭くなります。教育や社交、医療、介護、社会貢献など、日常でお金が必要になる場面は多々あります。どんな出費を抑え、どんな出費を惜しまないか、求められるのはやはり「知慮」でしょう。

あるいは人づきあいも避けられません。人に対して傲慢になってはいけないし、卑屈になってもいけない。自惚れては嫌われるし、自虐的では見下される。礼儀は大事だが、あまりに堅苦しくても敬遠される。教養は大事だが、それをひけらかすことは無教養でしょう。

これらはいずれも、人生において何度となく直面する課題でしょう。正解がある話ではなく、その場その場で個々人が判断していくしかありません。それが「知慮」であり、その蓄積が「人となり」を形成する。それが「徳」であるというわけです。

人はなぜ欲望を抑制できないのか

続く第7巻では、「美徳」の対照的な存在である「悪徳」について言及します。アリストテレスによると、悪徳な人とは、ここまで述べてきたような人生の諸課題に対して処理を踏み外した人を指します。

若気の至りで失敗を重ねることは、人生の常です。それを「悪徳」と称しているわけではありません。むしろそういう時期がなければ、徳の滋養もできないでしょう。しかし、いつまでも同じ失敗を繰り返すようでは、それがやがて当たり前になってしまいます。「悪徳」とは美徳と同様、繰り返しの行為によって習慣化され、その人の習性となったものを指すのです。いかに「知慮」を働かせ、軌道修正できるかが問われるわけです。

特に厳しく非難の対象とすべきとしているのが、「欲望」にまつわる悪徳です。この考え方は、美徳の基準とともに、西洋社会の善悪の概念を形成する上で大きな影響を及ぼしました。ただし「悪徳」とまではいかないまでも、私たちはしばしば「正しい判断をしていながら、行動がともなわない」ことがあります。「悪いとわかっていても、ついやってしまう」ことも少なくないでしょう。アリストテレスはこれを「無抑制」と称し、その要因を探っています。

まずソクラテスやプラトンは、要因として「無知」を挙げています。無抑制な人が道を誤るのは、彼らが「正しい」と思っている知識が、実は洞窟の奥で見た「臆見」に過ぎないからと捉えます。もっとイデアに沿った正しい知識を身につけていれば、行動を誤るはずがない、というわけです。それに対し、アリストテレスはもう少し丁寧な論考を試みています。そもそも「知っている」とはどういう状態か、それを正しく実行に移さないのはどういう場合かを探求しているのです。

いくつかの可能性を挙げていますが、たとえば今、目の前に甘い食べ物があるとします。私たちは「甘い食べ物はおいしい」ということを知っています。同時に、「甘い食べ物は（食べ過ぎると）身体に良くない」ということも知っています。ではどちらを優先するでしょうか。

たいていの場合、身体的欲望に突き動かされて前者を優先すると思います。それは後者の知識から見れば「無抑制」ということになりますが、前者の知識から見れば正しく行動したことにもなります。つまり、「無抑制」に走ることを一概に「無知」とは言えないわけです。

ただし、アリストテレスは「無抑制」を認めているわけではありません。人間には、都合のいい知識で欲望を後押しするような場面が多々あります。それも失敗の１つでしょう。だからこそ、習慣によってより正しい知識を身につけ、「徳」を高める必要があるのです。

「徳」を積むことで得られる「快楽」

そして最後の第10巻では、幸福とよく似た概念として「快楽」について論じられます。そこにはさまざまな種類がありますが、幸福な人とは徳を積むことで得る快楽を愉しむことができる人だと結論づけています。

結局、プラトンの説く「智慧」による幸福を、アリストテレスは否定していません。できれば知性を磨き、観照的なスタンスで世の中と接することができれば、それこそ究極の幸福だとしています。しかし、それができる人は多くありません。ではその人たちが良い人になれないかといえば、そうではない。もう一段下げて、「知慮」によって倫理観に美徳を刻めばいいと説いているのです。

そして最終盤では、以下のように述べています。

「よきひとたらんがためには、うるわしき育成や習慣づけを与えられること、そしてそれに基づいてよき営みのうちに生きてゆき、みずからすすんでする行為たると、然らざるとを問わず、あしき行為はおよそこれをなさないでゆくようにすることが必要であるとするならば、こういったことの実現のためには、人々の生活が何らかの知性（ヌース）によって律せられ、強権を有するただしい指令によって律せられるのでなくてはならぬ」

つまりは政治が大事ということです。「法律は政治学の作品のごときもの」とも述べています。では、そういう国家を成立させるにはどうすればいいのか。それについて詳細に綴ったのが、次章で紹介する『政治学』です。そこでは、さまざまな国政のあり方を研究し、国政のリーダーになるべき人の「徳」を具体的に挙げながら、国政の安定こそが人々の幸福の基盤であることを示していくのです。

コラム

アリストテレス（紀元前384年～前322年）

「人間が為しうる最高の善は、人々の魂をより善くはたらかせるべく、政治の力、法律の力をもって倫理的な習慣づけをすることである」

古代ギリシャの哲学者でプラトンの弟子。ソクラテス、プラトンとともに、しばしば西洋最大の哲学者の1人とされ、その多岐にわたる自然研究の業績から「万学の祖」とも呼ばれる。アレクサンドロス3世（大王）の家庭教師だったことでも知られる。

アリストテレスによると、生物と無生物を分けるのは「プシュケー（魂）」の有無であるとしている。具体的にプシュケーとは、栄養摂取能力、感覚能力、運動能力、思考能力によって規定されるという。さらに、人間の場合は理性によって現象を認識するので、他の動物とは区別される。

人間にとって善とは幸福のことであり、プシュケーがよく働くことでもたらされる満足のことを指す。社会全体としてそれを実現するのが「政治」の役割。つまり政治とは、善の棟梁的な存在でなければならず、「最高善」をもたらすことが目的であると説いている。

騎士道（Chivalry）

中世暗黒時代の領主や騎士は野蛮だった。兵器、鎧を独占し世襲で荘園を支配する彼らは、略奪や強姦など残虐行為を行うのが常。それに対して嫌悪を募らせていた教会の主導により、中世盛期に「騎士道」という倫理規範が成立した。

紳士（Gentleman）

本来は不労所得者である地主貴族層を指すが、政治家、高級官吏、大学教授、将校、医師、法律家、聖職者、銀行家など高度な専門職種も「ジェントルマン」と見なされる。「家柄」や「出自」とともに「教養」や「徳」がジェントルマンの必須条件。

大英帝国の拡大とともに富裕な中流階級も増大しこの階層に含まれるようになる。勃興した中流階級上層部を体制内に取り込んだイギリスでは、ジェントルマンによる支配体制が確立された。

第6章

アリストテレス『政治学』が描く現実的国家論

人間は「ポリス的動物」である

『ニコマコス倫理学』は個人の正義や美徳、幸福について述べたものですが、それを国家レベルで論じたのが『政治学』です。つまり、人間を幸福にする国家体制とはどういうものかを説いているわけです。

書かれた年代ははっきりしていません。またアリストテレス本人が書いたのか、あるいは第三者が講義録などを整理したのかも不明です。いずれにせよ、異なる時期に書かれた文書を、後に編集したものであることはたしかです。

全体は8巻で構成されています。このうち第1巻〜第3巻では理想の国家像、第4巻〜第6巻では現実の国家論が語られ、第7巻〜第8巻では国家一般が論じられています。なお、ここで言う「国家」とは当時の都市国家（ポリス）を指します。

動物学者でもあったアリストテレスは、人間を「ポリス的動物」と捉え、まずその本性の考察から出発します。現代でも「人間は社会的動物」という言い方をすることがありますが、その原典がこれです。あるいは、以下のようにも述べています。

「人間は完成された時には、動物の中でもっとも善いものであるが、しかし法や裁判から孤立させられた時には、同じくすべてのもののうちで最も悪いものである」

他の動物と大きく違うのは、言語を持っていること。それによって快楽や苦痛、利害や善悪を共有できるので、ポリスを形成することが可能になるとしています。逆に言えば、国が組成され、国政の中にあってこそ、人間は人間たり得るわけです。

ただし、人間は常に最適な状態に置かれるわけではありません。個々人の知性にも限界があります。つまり人治より法治が優れていると考えるわけです。そこでポリスにおいて共同生活を行う上で、統治制度を法によって定める必要がある。では、人間にとってどのような制度が最適なのか、それを考察するのが『政治学』の趣旨です。

ここで定められる法の正しさは、多くの人々に受け入れられるか否かで担保されます。したがって、一朝一夕に答えの出る話ではありません。試行錯誤の繰り返しによって、少しずつ評価が定まっていくものです。言い換えるなら、慣習に基づかない法は人々を服従させる力を持ちません。長い時間を費やすことで力を得ていくのです。『ニコマコス倫理学』で強調された「慣習」の重要性が、ここでもベースになるわけです。

以上の話は、個人の立場からも説明できます。「善き人間」になる条件には、「生まれつき（本性）」「理《ことわり》」「習慣づけ」の3つがあります。このうち「生まれつき」は天与のものであり、個人ではどうすることもできません。あるいは「理」を理解するには、一定の知識・情報や心の準備が必要です。しかし「習慣づけ」なら誰でも可能です。またその延長線上に「理」の理解があるとも考えられます。

ただし、「習慣づけ」には一定の強制力が必要です。それを可能にするのが政治なのです。「法律」や「習俗」を道具として、「国の善」を希求するのが政治のあるべき姿と言えるでしょう。

プラトンの説く「財産の国有化」を否定

先に見たプラトンの『国家』では、「イデア論」に基づいた理想的な政治のあり方が描かれました。それに対してアリストテレスが追求したのは、徹底的に現実的な政治のあり方です。

それを象徴するのが、やはり「中庸」の重要性を論じていること。概して国家の富裕層は支配することだけを知り、貧困層は服従することだけを知るものです。そういう社会では格差による対立が生じ、ともに国家の成員であるという意味での友愛が形成されません。それを防ぐには、立法者が富裕層でも貧困層でもなく、その中間的存在であればいい。つまり中庸的であるということです。やはり『ニコマコス倫理学』の道徳思想が背景にあることは、言うまでもありません。

また『国家』では、「財産の国有化」も唱えています。それによって富の格差を消滅させれば、そこから生じる不平や対立も起こらないというわけです。

しかしアリストテレスは、これを労働と消費の観点から明確に否定します。多く労働する者が少なく消費し、少なく労働する者が多く消費するとすれば、前者が後者に対して不公平感を抱くのは当然。だからかえって対立を招く、というわけです。このあたりは、きわめて今日的な議論と言えるでしょう。

さらに解決策として、財産の「所有」と「使用」とを区分けすればいいと説いています。所有は個人が行い、使用については共用できるようにするということです。それによって個人の責任で管理が行き届くようになるし、お互いの利便性を高めることもできる。それを可能にする友愛的な習慣や法の整備を行えば、国有化するよりずっと「国の善」に資すると説いています。

「すなわち、財産は各人が自分のものとして持っているけれども、その或るものはこれを友人にも役立たせ、また友人の物の或るものはこれを共通なものとして用いるのである。たとえばラケダイモン（筆者注：スパルタ）においてはお互いの奴隷、さらには馬も犬もいわば自分のもののように使用し、また旅先で食料を欠く場合には国中の田畑にある食料を使用しているのである。従って財産は私有であるが、しかし使用の点では共通にするということの方が優っているのは、明らかである。そして国民たちがこのようなものになる

ように意を用いるのは、立法家に固有の任務なのである」（『政治学』山本光雄訳、岩波文庫・以下同）

プラトンの発想を共産主義とすれば、アリストテレスの発想は民間の経済活動に近いでしょう。やはり今日的であることに変わりはありません。

ただし、商業については卑しい行為であり、必要悪と考えていたようです。「貨幣が案出されると、やがて必要やむを得ざる交換から別種の取財術が生じて来た、すなわち商人的なものがそれである」として、さらに生々しい反経済論を展開しています。

「かの欲望は無限であるから、それを満足させる手段も無限に欲望する。しかし善く生きることを目的とする人でも肉体的享楽をもたらすものを求める。そして、このものは財のうちにあるように思われるから、従って日を挙げて取財に熱中することになる。（略）何故なら享楽は過剰によって可能であるから、彼らはかかる享楽に関係のある過剰を作り出す術を求めるからである」

享楽を得るには強欲にならざるを得ず、それによって「善き国」を作ることを忘れてしまう、というわけです。経済や商業の道徳的地位を高めるには、18世紀のアダム・スミスの登場を待つ必要があったようです。

158の植民国をくまなく調査

そしてもう1つ、『政治学』の大きな特徴は、単なる「論」ではないということです。当時存在したギリシャ系の158の植民国をすべて回り、それぞれの国政を調べた結果としてまとめたのが同書です。ちなみに現在の国連加盟国は193カ国。地理的な規模はまったく違いますが、当時としては世界中の国政を調べ尽くすほどの感覚だったのかもしれません。

国政は、市民社会的な「正」を追求するために存在します。国民、家族、集落といった複数の集団がある中で、その頂点に立つ棟梁的な立ち位置から、ルールを定めて執行し、国民に守らせる役割を負うわけです。

具体的には、「評議（立法）」「諸役（行政）」「裁判（司法）」の三権を担います。ただし、これらの権利を国家が持つことについて、国民がどれだけ関与したり適任者を選んだりできるかは、国家ごとに千差万別です。

アリストテレスは、それを大きく3形態に分類しました。1人の個人に権力を集中させる「独裁制」、特定のエリート層だけが権利を持つ「寡頭制」、そして国民すべてが平等に関与する権利を持つ「民主制」です。

図表6-1　国家の3形態

独裁制	「王制」	ＶＳ	「僭主制」
寡頭制	「貴族制」	ＶＳ	「寡頭制」
民主制	「国制」	ＶＳ	「民主制」

その上で、さらに以下の3点に着目して細分化しています。

第1点は、その政治が目指すのは何か。それが「国家」や「公」のためか、それとも「私」の利益のためかということです。前者が理想形であり、後者がその堕落した形であることは言うまでもありません。

「独裁制」の前者は家父長的な「王制」、後者は民衆を力で押さえつける「僭主制」。また民衆を排除する「寡頭制」は後者ですが、エリートが民衆の利益を代弁する形で前者に移行することも可能で、それを「貴族制」と呼んでいます。そして「民主制」もそのままでは衆愚に陥って後者ですが、国益に即して機能することも可能で、その場合は前者に移行して理想的な「国政」となります。

特徴的なのは、独裁制だから悪、民主制だから善と短絡的には決めつけていないことです。どのような形態であれ、国家として「善」を追求しているかどうかを問うているわけです。

第2点は、国民の構成。これが、多様な国制を生み出していると説いています。

「ところでたくさんの国制があることの原因は、どの国にも多数の部分があることである。すなわち、第1にどの国も多数の家族から構成されているのをわれわれは見る。次にまたこの多数のうち或るものは富裕であり、或るものは貧乏であり、或るものはこの両者の中間であるに違いない。また富裕なるものと貧乏なるもののうち前者は重甲によって武装をするものであり、後者はそうしないものであるに違いない。また或る部分は農民大衆であり、或る部分は商人大衆であり、或る部分は職人大衆であるのを見る。また知名人たちのうちにも富、すなわち財産の高による相違もある。(略)なお、富による相違に加えて、血統による相違や徳による相違があり、また他に、貴族制に関する議論において国の部分として存在すると述べられた同様なものによる相違もある」

要するに、ポイントは大きく2つです。1つは貧富の格差の度合い。これが大きいほど、当然ながら国制は中庸から遠ざかります。特に小さな途上国の多くは、少数の富裕層と大多数の貧困層で構成されます。だから政治は不安定で流動的になりやすいのです。逆に成熟した大国では、中間層の割合が高くなります。彼らは贅沢はできないものの安定した生活を手に入れているため、政治にも安定を望みます。したがって国家も安定しやすくなります。

ちなみに、こうして中間層の重要性を指摘したアリストテレスは、さすがに慧眼と言わざるを得ません。はるか後世の18世紀の産業革命時、特にイギリスは中間層が急拡大したことにより国家として安定し、大英帝国の繁栄を迎えることができたのです。

もう1つは国民の主な生活基盤、つまり職種です。これが農耕中心であれば、国政は比較的安定すると説いています。農民は農地に生活があり、不必要に国政に関わるより農作に励むほうが安心できるから、というわけです。それだけ法律に基づいた安定した国政を望むということでもあります。

対照的なのが、都市型の労働者である職人や商人などです。彼らは生活基盤が不安定な一方、日常に飛び交う情報量が多い。したがって政治動向に敏感になり、短期的な損得や民衆指導者の扇動に影響されやすいとしています。

いずれにせよ、このあたりは今日でも言えることでしょう。大国かつ経済基盤のしっかりした国ほど、政治的にも安定しやすいのです。

そして第3点は、評議（立法）、諸役（行政）、裁判（司法）の運用状況です。これが立派に稼働している国は問題ありませんが、揺かったり不正欺瞞が横行していたりすれば、その国政は悪政と言わざるを得ません。

「独裁制」には「王制」と「僭主制」の2形態がある

以上を踏まえて、「独裁制」「寡頭制」「民主制」のそれぞれについて、より具体的な検証を行います。

まずは「独裁制」からです。これは「王制」と「僭主制」に分けられると述べましたが、「王政」にも多様な種類があります。人的支配の典型があらゆることに王1人で主権を持つ「絶対王政」だとすれば、法的支配の典型は権力が戦争と神事に限定される「スパルタ式王政」です。後者は実質的には「将軍」を意味します。

また両者の間には、法律支配と人的支配の比率によって、いくつもの「王制」が存在します。たとえば選挙によって僭主的な独裁者を選ぶ場合もあるし、あるいは戦争の英雄が支持を集めて王となり、そのまま世襲される場合もあります。

いずれにせよ重要なのは、王の「徳」です。もし完全無欠な「徳」を持つ王が支配するなら、絶対王政も可能でしょう。しかし人間はどうしても感情に流されるので、完全無欠はあり得ません。したがって、国政の骨格は法律によって規定し、それでカバーし切れない部分についでは人為的に判断するのが妥当ということになります。またその判断は、個人によるより多数による合議のほうが正しい結果を導きやすいはずです。

ただしその法律も、人間が作る以上、かならずしも正しいとはかぎりません。善い法律もあれば悪法もあります。つまりは、王と国民の「徳」が反映されるわけです。その「徳」を高めるには、「善い教育」を行うしかないと説いています。

「人間と最善の国の国民の徳とは同一でなくてはならないと言われたからして、明らかに、人間が立派なものになるのに用いるちょうど同じ仕方と同じ手段とを以て人は貴族制或は王制の国を組織することが出来るであろう。従って教育にしても慣習にしても立派な人間を作るものと自由な国の支配者や王を作るものとは大体同じであろう」

また「僭主制」の場合、力ずくでその地位に就くため、国民とは常に反目する構図になっています。したがって政権は不安定で、内乱の種をいくつも抱えることになります。それを抑え込んで政権維持を図るため、必然的に圧政を志向するわけです。

たとえば、秀でた国民を失脚させる、政治結社を禁止する、教育を抑制して国民に知識・情報を与えない、相互に監視する制度を作って不信を助長する、密偵をいたるところに配置する、国民を貧困に留めて反乱の力を与えない、頻繁に戦争を起こして国民の目を外敵に向ける、といった具合です。

しかし結局、これらは負のスパイラルを招くだけなので、僭主制はほぼ例外なく短命に終わ

図表6-2　独裁制の2形態

【王制】

・１人の個人に多くの国政権が集中する形態として「王政」的なものがあるが、それも多種多様である。

◆スパルタ形式／◆選挙された僭主型／◆英雄時代型／◆絶対的王政型

・もしも完全無欠な「徳」が支配するのであれば絶対王政はあり得るとするが、人間はどうしても感情に流される生き物であるわけだから、国政の骨格は「法律」によって規定され、法律で規定しえない部分に対して人間が判断するのがよい。

・法律で規定しえない部分の人間的判断は、個によるものよりも多数による合議がより正しい。

・しかしながら、善い法律もあれば悪法もある。善い人間もいれば悪い人間もいる。どれだけ「徳」が反映されるかだ。

・「善い国政」の実質的な担保の仕組みは、支配者に対しても、支配される側に対しても、「徳」に基づく「善い教育」にしかないとの主張。

【僭主制】

・僭主制（独裁制）は国民すべてと反目する構図であるためそれ自体の特徴として不安定である。内乱の種をいたるところに抱えているので政権維持のために弾圧を加える。

典型的な仕方は、

・秀でた者を刈り取る
・政治結社を禁止する
・教育を抑制して国民がちっぽけなことしか考えないようにする
・相互の監視と不信を助長する
・密偵をいたるところに配置する
・国民を貧困において反乱する力を与えない
・頻繁に戦争を起こして国民の目を外敵に向ける

などが挙げられる。

・しかしながら僭主は結局短命だった。誰が僭主を追放するかで、それが民主制か、寡頭制に変わる。

・僭主制を維持するもう１つの方法は、国民の不満に耳をかたむけ、善政を行うことである。それは僭主制から「王政」に変わるということである。

ります。僭主を追放した誰かによって、寡頭制または民主制に置き換わるのが常です。ただ唯一、僭主制を維持する方法もあります。僭主が国民の不満に耳を傾け、善政を心がけること。それは、僭主制が王政に変わることを意味します。

「寡頭制」の理想形は「貴族制」

あらゆる国において少なからず存在するのが、少数の富裕層・エリート層と多数の貧困な民衆との対立関係です。前者が優位に立てば寡頭制に、後者が優位に立てば民主制になります。言い換えるなら、国制の多くは寡頭制もしくは民主制のいずれかに収斂するということです。ただし、両制度ともいくつかのパターンがあります。まず寡頭制については、4種類に分類できるとしています。

もっとも優れた形態として挙げているのが「貴族制」。ここで言う「貴族」とは、いわゆる高貴な生まれの人という意味ではなく、徳や能力の高いエリートという意味で捉えたほうがいいでしょう。基本的に国政は法律によって運営され、法律でカバーし切れない部分の判断を「貴族」に委ねることになりますが、彼らは選挙で選ばれることが条件です。それによって、国政に携わる人物の質を担保しているわけです。

ただし、一部のエリート層に権力が集中すると恣意性が働きやすく、それが制度を歪める一

図表6-3　寡頭制の4つのパターン

【善い寡頭制】

・貴族制：民主制の善い変種である。

・国政に携わるのに人物の質を担保できる程度に適度な資格要件があり、諸役への任命は選挙による。法律により運営され、規定しえない判断は原則として選挙された役人が行う（**第1のパターン**）。

【悪い寡頭制】

・参政権を得る資格のハードルが高くなっていく。莫大な財産がなければ国政にはあずかれない（**第2のパターン**）。

・選挙は行われるが、エリート層の互選となる。多くの国民は選挙権がないか最初から限られた氏族の中からしか選ぶことが許されていない。これがより一層悪くなると、諸役は世襲となる（**第3のパターン**）。

・最終段階として、諸役を世襲として実権を握った役人による法律によらない支配となる（**第4のパターン**）。

因になります。たとえば、参政権を得るハードルが引き上げられることがその1つ。莫大な財産を持っている者しか国政に参加できなくなり、その他大勢の国民の声は届かなくなります。これが変種の1つです。

さらに劣化すると、国民は選挙権を持たないか、もしくは選択肢が限定されるようになります。もはや選挙は意味を失い、エリート層を互選するための儀式に成り果てるわけです。つまり、国家の諸役はほとんど世襲になります。これが変種の2つ目です。

その挙げ句、世襲によって安定的な地位を確立させたエリート層は、既存の法律をも無視または書き換えて自分たちの裁量で国政を操るようになる。これが3つ目、最悪の変種です。

そもそも寡頭制は、その性質上、民主制に比べて不安定になりやすい宿命を負っています。それを安定させるには、常に公平性や秩序に注意を払い、民主制的な諸策を行うことが欠かせません。あるいは民衆の中からも優れた者には参政権を与えたり、エリート層の役得や権益を抑えたり、不正や汚職を厳しく取り締まったりすることも重要でしょう。政情不安は、民衆の不公平感や為政者に対する不信感から端を発するのです。

「民主制」が優れているとは限らない

一方、民主制には5つのパターンがあるとしています。現代人の感覚では、独裁制や寡頭制

図表6-4　民主制の5つのパターン

【民主制の理想形】

・国は成長し国民の多くが自足生活を享受できる。諸役は国民各層から選挙によって行われ、法律に基づいて運営されている（**第1のパターン**）。

【古代ギリシャの民主制】

・国民は農民と比較的富裕な人たちから構成されている、昔ながらの民主政（**第2のパターン**）。それほどに大きくない一定の財産高が国民権に与る上で必要とされる。諸役の任命はくじ引きのような形で行われる。政治的な寄り合いには都市から離れて生活している農民には負担が大きい。順番でそれにあたる形であろう。ただし法律によって運営され、国への忠誠も高い。ペルシア戦争の際に大軍を退けたあのヘロドトスが賞賛した頃のアテナイの民主制がこの類型にあてはまる。

・民主制がより民主制的になっていく上で国民権に与る資格のハードルが引き下げられていく。まず財産高の資格が取り払われて、生まれに難のない国民ならば誰でも国民権に与れるようになる（**第3のパターン**）。

・次にそうしたハードルが完全に取り払われ国民なら誰でも権利に与れるようになる（**第4のパターン**）。したがって不安定な都市型の労働者たちや日雇いの類も含まれるようになる。諸役の任命はくじ引きで行われる。民会への出席には国庫から手当てが支払われるようになり、徐々にこうした者たちが政治勢力となっていく。

・最後には有力な民衆指導者に実権がわたり、大衆に牛耳られた民会を通じて政令を頻発するようになる（**第5のパターン**）。法律はないがしろにされ諸役の権威は否定される。ペロポネソス戦争敗北後のアテナイの堕ちていった民主制を想定していると思われる。

より優れていると考えがちですが、アリストテレスはそう捉えていません。それはペロポネソス戦争当時、衆愚に陥って迷走したアテナイが念頭にあるからでしょう。

民主制の基本的な原理は、自由であることです。民衆が何にも縛られずに自由に生きられることが理想像でしょう。その自由度をどこまで確保するかによって、民主制のさまざまな相違が生まれるわけです。一部の権力者だけではなく、民衆だけでもなく、富裕層も含めたすべての国民が等しく主権者であると認識できるかどうかが、民主制の成否を左右するのです。

もっとも理想的な「国政」とは、諸役が国民各層から選挙によって選ばれ、基本的に法律によって運営されている形態です。この状態が維持されれば、国家は成長して国民の多くが自足生活を享受できるとしています。

その変種として、農民と一定以上の財産を持つ者だけが国民として認められる民主制もあります。諸役はくじ引きのような形で任命されますが、国政は基本的に法律によって運営され、国民の国家への忠誠心も高い。ただし都市から離れて生活している農民にとって、民会（政治的な集会）に参加することは容易ではありません。交代で代表を送り込む形だったと考えられます。これが第2のパターンです。

このパターンの典型が、ヘロドトスの『歴史』に描かれたアテナイでしょう。ペルシア戦争において、国民は自分たちの土地と生活を守るために命をかけて戦い、ペルシア帝国の大軍を退けたのです。

また第2パターンより国民の資格を得やすくなるのが第3のパターンです。財産の残高の条件が引き下げられ、たいていの人々が国民として認められます。より本来の意味での民主制に近いと言えるでしょう。

さらにそうしたハードルが完全に取り払われ、誰でも国民としての権利を享受できるのが第4のパターン。そこには、都市型の不安定な労働者たちも含まれます。民会への出席には国庫から手当てが支払われ、諸役の任命はくじ引きで行われたので、彼らがその職に就くこともありました。それは、彼らの政治的な発言力が増すことを意味します。

そして第5のパターンでは、実権が有力な民衆指導者にわたり、大衆に牛耳られた民会を通じて政令が頻発されるようになります。法律は軽視され、諸役の権威も否定されます。

実権を掌握した民衆指導者は、やがて僭主として独裁体制を築くようになります。法律を超越して権力を世襲するという意味では「絶対王政」と似ていますが、両者の決定的な違いは「徳」の有無です。「徳」のない僭主制は最悪の支配体制と言えるでしょう。

以上の寡頭制と民主制に関する分析は、きわめて緻密で包括的です。後世に生まれた政治理論は、すべて『政治学』の焼き直しのようにさえ思えてきます。

何が国政を悪化させるのか

次に、悪い政治の共通項にも言及しています。

政治における正しさとは、「等しい」ということです。ところが、国家にはさまざまな国民の立場によってさまざまな「等しさ」が存在します。それに政治における「等しさ」と合致していないとき、つまり「自分は不平等に扱われている」と感じ、しかもそれを訴える手段が希薄と考えたとき、そこに内乱の芽が生じるわけです。

たとえば、得られるはずの利益が得られなかったり、名誉・不名誉、法律の適用・罰則などに不平等感があったり、他者に対する傲慢や蔑視などがあれば、国民の不平不満は高まります。あるいは国民の構成において、生まれや富、習慣、教育、人種などが多様だったり、その勢力に不均衡があったり、それが選挙での不公正を招いたりすれば、やはり政情は不安定になるでしょう。

特に「寡頭制」の場合、広く民衆に無理を強いることで国政が乱れるケースが多くあります。不満を募らせる民衆の中からリーダーが登場し、エリート層と対立する構図が生まれるのがパターンです。兵役の経験者がリーダーになる場合、武力で民衆を導いて立ち上がり、自らが僭主になることが多くありました。また弁論術が発達すると、弁は立つ従軍経験のない民衆リーダーが多くなります。彼らが民会を牛耳ることにより、衆愚による民主制に陥るのがパターンでした。

また、エリート層同士の諍いや対立も国政の乱れにつながります。エリートという自負があるからこそ、競争心や派閥意識、優越感、嫉妬心などから反目し、修復不能になることはよくあります。それが権力闘争になり、互いに民衆を味方につけようと画策し、武力衝突にまで発展することもあります。その結果、勝った側が僭主になるケースもあれば、蜂起した民衆がエリート層を追放して民主制に移行するケースもあります。あるいは追放されたエリート層が国外で結束して立ち上がり、民主制を倒して寡頭制に移行したケースもあります。

いずれにせよ、そこにあるのは「私」の論理だけです。僭主制、民主制、寡頭制のどれでも、行き過ぎれば必ず堕落します。ずっと内乱の状態が続き、国家はより疲弊していくだけです。それが、現実に存在するさまざまな国々をつぶさに観察した結果として、導き出された結論なのです。

国家にも「中庸」が必要

では、よい国政とはどういうものか。同書はそれについても考察しています。基本は前述の悪いパターンの裏返しなので、要するに偏らないこと。僭主制はともかく、民主制と寡頭制を混合させた中庸を目指すべきと説くわけです。

先に述べたとおり、国政は評議（立法）、諸役（行政）、裁判（司法）の三権によって成り立っています。そこで、このそれぞれについて中庸を追求すればいいということになります。

まず評議（立法）とは国政の最高の決定権ですが、その決定の方法は以下の3つが考えられます。

①すべてのことについて全国民で決定する。

②すべてのことについて一部のエリート層が決定する。

③一部の決定は国民投票で行い、その他のことは選ばれた国民が行う。

このうち①は悪しき民主制、②は悪しき寡頭制で行われていることです。両者を混合した形が③で、これがもっとも合理的でしょう。また評議会の下に予備評議会を設置することも、評議会を正しく運営する上で欠かせません。

また諸役（行政）と裁判（司法）については、その役職の数、権限の範囲、任期、再任の可否、選任の仕方の5点を、あらかじめそれぞれの役に必要な専門性や経験なども踏まえて決めておく必要があるとしています。役人の仕事についても、評議会への報告を前提として、双方の役割分担や権限の範囲も定めるべきと説いています。互いに牽制し合うことで、暴走を防ごうということでしょう。

さらに神事については国政の一部とせず、政教分離を行うべきとも述べています。このあた

図表6-5　アリストテレスの結論

⦿さまざまな国政を吟味した結果として判明した事実は、どの国政であってもそれを極端にしようとすればそれは必ず内乱の原因となり、内乱に勝利した勢力が誰であっても同じことをすればまた内乱の原因を作ることになる。

⦿唯一、安定した国政を得るにあたっては国民各層の不満に耳をかたむけて善政を行うことである。善政を行うとは、言い換えれば、国民各層が互いに自らの思うところの平等に与ることであり、それは国民すべてが幸福を追求することにおいて平等であることを国民すべてが互いの権利であると認めることである。

⦿施政者においては国民各層に広く認められる人物としての質が求められる。この素養を具体的に論じるならば、それは『倫理学』にて結論したものである。

⦿異なる人たちから構成される国においての「等しさ」は国民すべてに認められるべき幸福を追求する権利である。幸福とはなんであろうか。『倫理学』にて詳述したとおり、それは徳に則した生活である。

りは非常に今日的です。

いずれにせよ重要なのは、評議員にせよ役人にせよ、国民のさまざまな層の代表が混合するよう工夫することです。選挙はもちろん、必要ならクジなども使って偏りを防止する必要があります。また政治的な集会には、広い層からの参加を促すために罰金や報酬を用意すべしとも述べています。どれほどバランスを重視していたかがわかるでしょう。

そしてもう1つ、繰り返し強調しているのが「徳」を養うことです。先にも述べましたが、権力を持った人々は、それが民主制ならより民主制的に、寡頭制ならより寡頭制的な方向へと極端に走る傾向があります。権力者はそれぞれ支持基盤を持っています。そこに利益をもたらすことで、自身の地位を安泰にできるからです。

そこに歯止めをかけるために混合するわけですが、同時に大事なのが国民への教育です。自身の利益と正しさを天秤にかけたとき、正しさを選択するのが「徳」です。大多数の国民が正しさを選ぶなら、その国全体の「徳」も高いと言えるでしょう。

「閑暇」の使い方が「徳」を高める

国家は、世代や出自、職業や収入、思想信条などがまるで違う国民によって構成されています。その中での「等しさ」とは、すべての国民が幸福を追求する権利を認められていることを指します。

ところが現実の国家を観察して判明したのは、どのような国政でも極端に走りやすく、それが内乱の根本的な原因になるという事実でした。またその内乱の勝者が同じく極端に走れば、やはり内乱が繰り返されます。

逆に言えば、一部の勢力の暴走を防ぐことで、政情は安定しやすくなるということです。それには、国民各層の主張や不満を平等に汲み取り、政治に反映されるような国家にする必要がある。それが「善政」というものでしょう。

そのための制度や法律を作ることも大事ですが、それ以上に大事なことは、「徳」に満ちた国家にすることです。権力者はもちろん、国民各層にも「徳」が求められる。ただしそれは、個々人の資質に期待するというより、政治的に国民に向けて「習慣づけ」を促すことによって可能になるというのが、アリストテレスの考えです。だから『倫理学』と『政治学』は、ほぼ同一という位置づけなのです。

加えて特徴的なのは、「閑暇」つまり暇の重要性を説いていることです。人々が平和を求めて仕事に従事するのは、閑暇を得るため。ではその閑暇をどう過ごすか。それが有意義であるほど、「善き魂」が滋養されると説きます。そこで国家としてやるべきことは2つあります。国民に閑暇を与えること、そして閑暇を有意義に過ごす方法を教えることです。

その考えは、教育論にも反映されます。昔から必須とされてきた教育分野が4つあるとして、読み書き、体操、音楽、図画を挙げています。このうち音楽については、教育ではなく快楽ではないかという意見があるとした上で、以下のように反論を試みています。

「人々が最初にそれ（筆者注：音楽）を教育の1つとして定めたのは自然そのものが、（略）正しく仕事をすることが出来ることばかりでなく、立派に閑暇を送ることが出来ることをも求めるからなのである。（略）何故ならもし両方とも必要ではあるが、しかし閑暇を送ることの方が仕事よりも一そう望ましいことであって、目的であるならば、閑暇を送らなければならぬのは何を為しながらであるかということを、探求しなければならないからである。たしかに遊戯をしながら、ではないのである」

アリストテレスにとって「遊戯」とは、仕事を続けるための休息であり、薬であるとしています。つまり仕事と表裏一体の関係にあるわけです。それに対して「閑暇」は、仕事とは無関係に、個々人が時間・空間を費やして幸福を追求するために存在する。それが「善き魂」を養うとすれば、いかに貴重かがわかるでしょう。その素養を身につけさせることが、教育の目的の1つなのです。

この考えの延長線上に、今日の「リベラルアーツ」があります。子どもが仕事に駆り出されることなく勉学に集中できるようになったのは、比較的現代の先進社会から。そしてもう一段上位の教育として、西洋の大学では古典を通じて「徳」の滋養を徹底するようになったのです。『政治学』は、今からおよそ2400年前に書かれたものです。しかし繰り返しますが、現代人が読んでもまったく古さを感じさせません。それはひとえに、その思想が人間社会における正義・不正義、善と悪といった価値観の本質を突いているからでしょう。

だから、ソクラテスやプラトンも含めて「ヘレニズム哲学」として後のキリスト教哲学にも取り入れられ、西ヨーロッパの中核思想となり、さらにアメリカに渡ってグローバル社会における中枢の価値体系の源流にもなっていったのです。以下の章では、その壮大なプロセスを辿ってみることにします。

アレクサンドロス大王の東征によって生まれた「ヘレニズム」

ところで、「ヘレニズム哲学」の成立には歴史的な英雄が深く関わっています。それが、アレクサンドロス大王（紀元前356年〜前323年）です。

大王は、16歳までアリストテレスの教えを直接受けていました。20歳で父ピリッポス2世からマケドニア王位を継承すると、その治世の多くをアジアや北アフリカにおける東方遠征に費やし、30歳までにギリシャからインド北西にまたがる大帝国を建設します。その生涯において戦いで敗れたことが一度もないことから、歴史上においてもっとも成功した軍事指揮官とされています。

東方遠征の端緒となったのが、紀元前３３４年のアケメネス朝ペルシア帝国への侵攻でした。ダレイオス３世に率いられた強大な同帝国軍を打ち破り、ペルシア帝国全土を制圧。そこから、遠くインダス川にまで覇権を広げることになるのです。

単に戦争に明け暮れただけではありません。征服した各所に新たにギリシャ風の都市を建設し、いずれも自身の名にちなんで「アレクサンドリア」と命名しました。これによってギリシャ文化は東方へ伝わり、現地の古代オリエント文明を融合して「ヘレニズム」と呼ばれる新たな文明を出現させたのです。

とりわけ有名なのが、エジプトの地中海沿いに紀元前３３２年に建設されたアレクサンドリアでしょう。同所には後に蔵書70万巻（諸説あり）を誇る「アレクサンドリア図書館」が建設され、世界各地から詩人や学者を呼び込みました。そのため、ヘレニズム文化の中心として栄えることになるのです。ここを起点として、古代ギリシャ世界の巨大な哲人たちの思想は、やがて地中海世界のみならず全地球的な光芒を放つことになったのです。

ちなみに同図書館は、紀元前47年にローマ帝国の英雄ユリウス・カエサル（ジュリアス・シーザー）によるプトレマイオス朝エジプトへの侵攻で焼失します。その後、一旦は再建されましたが、４世紀末にはキリスト教徒から異教の施設と見なされて破壊されています。

それはともかく、大王はアリストテレスを「最高の師」として尊敬していました。「ピリッポス2世から生を受けたが、高貴に生きることはアリストテレスから学んだ」との言葉を残しているほどです。また、ともにアリストテレスからギリシャの基礎的な教養を学んだ学友たちは、後に大王を支える将軍となっています。アリストテレスも大王のことは気にかけていたらしく、東征中に『王道論』『植民論』を書いて送ったとされています。両者の交流は大王の死まで続きました。

なお、「アレクサンドロス」とはギリシャ語の読み方で、英語風では「アレクサンダー」または「アレキサンダー」、アラビア語やペルシア語などでは「イスカンダル」となります。その名は旧約聖書やコーランをはじめ、ゾロアスター教、シャー・ナーメ（王書／イラン人の神話・歴史を綴った大叙事詩）など多様な民族の文献に登場します。あるいは古代ローマを脅かした古代カルタゴの将軍ハンニバルやユリウス・カエサル、ナポレオンなど歴史上の軍事的天才たちも、それぞれ大英雄として大王の名を挙げています。

（補足）アレクサンドロス大王による東方征服の足跡

①全ギリシャを制覇

紀元前338年、カイロネイアの戦いでアテナイ・テーベ連合軍を破る。父ピリッポス2世はこれによってギリシャ諸ポリスにコリントス同盟（ヘラス同盟）を締結させ、全ギリシャの覇権を握る。ペルシアへの東征を計画したが、2年後の紀元前336年に暗殺される。

マケドニア王を継承したアレキサンダー大王は、ギリシャの諸ポリスを制圧して全ギリシャに覇権を確立する。

②ペルシアへの進軍

紀元前334年、ペルシア東征に出発。グラニコス川の戦いで小アジア太守の連合軍を破る。小アジアに駐屯するペルシア軍を蹴散らしながら東へ向かう。

紀元前333年、アンティオキアの北西イッソスにおいてダレイオス3世自らが率いるペルシア軍10万と遭遇（イッソスの戦い）。この一戦に勝利し、ペルシアから和睦の申し出を受けるが拒否、さらに進軍を続ける。

③エジプトの征服

紀元前332年~前331年、頑強に抵抗したフェニキアのテュロス（現ティール）とガザを屈服させると、さらに南下してペルシア支配下にあったエジプトに侵入した。

エジプト人に解放者として迎え入れられた大王は、ファラオとして認められる。その後、ナイルデルタの西端に都市アレクサンドリアを建設。

④アケメネス朝の滅亡

紀元前331年、チグリス川上流のガウガメラでダレイオス3世指揮下のペルシア軍を破った（ガウガメラの戦い）。ダレイオスはカスピ海東岸に逃れる。ペルシア王国の中枢に侵入し、バビロンやスサの主要都市を略奪。さらに首都ペルセポリスを陥落させると、そこを徹底的に破壊してダレイオスを追った。前330年、ダレイオスは側近ベッソスによって暗殺される。大王は抗戦するベッソスを攻め、捕獲後に公開処刑とした。

⑤中央アジアの占領

中央アジア方面へ侵攻するも、激しい抵抗に直面。紀元前329年〜前327年までソグディアナとバクトリアで過酷なゲリラ戦を強いられる。スキタイ人にも攻撃を仕掛けられた。また大王と部下たちの間の信頼感も揺らぎ始める。

⑥インド進軍と東方遠征の終了

紀元前327年からインドへの遠征を開始。アオルノス（場所不明。現パキスタンのどこか、という説がある）で生涯最後の包囲戦を行って勝利する。翌紀元前326年にインダス川を越えてパンジャブ地方に侵入。ヒュダスペス河畔の戦いで地元の諸部族を平定しながら進軍し、インドにおいてもっとも勇猛とされたカタイオイ人も制圧した。インド中央部に向かおうとしたが、激しく疲労した部下が進軍を拒否し、やむなく兵を返す。

ヒュドラオテス川（現ラビ川。インダス川の支流）を南下し、残存する敵対勢力を駆逐しながらインダス川の河口に達する。そこから海路でペルシア湾を通過し、ユーフラテス川の河口に至る。以上の探検航海により、この地域の地理が明らかになった。

⑦大王の急逝と帝国の分割統治の始まり

帝国をペルシア、マケドニア、ギリシャ（コリントス同盟）の三地域に再編し、大王を頂点とする同君連合を形成した。ペルシア人を積極的に登用するなど、ペルシア人とマケドニア人の融和を進めている。

バビロンに戻った大王はアラビア遠征を計画していたが、ある夜の祝宴中に倒れて死去。紀元前323年、32歳の若さだった。

大王の死後、帝国は、プトレマイオス朝エジプト、セレウコス朝シリア、アンティゴノス朝マケドニアに分割・統治されることとなった。

第7章

ローマの繁栄から中世キリスト教支配の時代

「ヘレニズム」の普遍的価値

前章で述べたとおり、アリストテレスの思想をはじめとするギリシャの文化は、その教え子だったアレクサンドロス大王の東征によってアジア地域に伝えられ、現地のオリエント文化と結びつきました。これを「ヘレニズム」と言います。

ギリシャ神話には、ヘレーンという英雄が登場します。古代のギリシャ人はヘレーンにあやかり、自らを「ヘレーンの子」を意味する「ヘレネス」、また自らの土地を「ヘラス」と称しました。「ヘレニズム」とはこれに由来する呼称で、「ギリシャ風の文化」を意味します。

具体的には、ここまで紹介したヘロドトスやアリストテレスなどを含め、以下のような人物の功績が広く伝えられました。

政治：ソロン、ペリクレス、アレクサンドロス大王など
歴史家：ヘロドトス、トゥキュディデスなど
哲学：ソクラテス、プラトン、アリストテレス、ディオゲネス、クセノポンなど
数学／幾何学：ピタゴラス、エウクレイデス（ユークリッド）、アルキメデスなど
劇作家：アイスキュロス、ソポクレス、エウリピデス、アリストパネスなど

医学：ヒポクラテスなど

一見するとわかるとおり、いずれも今日の西洋の学問や芸術の基礎を確立した人物ばかりです。時代的には、ほぼ紀元前6～前4世紀ごろに集中しています。

なぜ当時のギリシャに、これほどの俊英が集ったのか。おそらくそれは、偶然ではありません。メソポタミア（現イラク）やエジプト文明などのいわゆる四大文明に比べ、ギリシャ文化はずっと後発の新興勢力です。だからこそ先進文明との間で交流の一方で摩擦や衝突が生じ、知力を振り絞って対抗する必要があったのでしょう。

またそういう苦難の時代背景を乗り越えた学問や芸術だからこそ、そこには人類にとって普遍的な価値があると考えられるわけです。オリエント文化と融合して「ヘレニズム」と呼ばれるようになったことは、その証左です。あるいはその後の歴史においても、学問や芸術分野において多大な影響を及ぼしました。

そして今日、「ヘレニズム」について網羅的に学ぶことが「リベラルアーツ教育」の根幹になっています。西洋文明の基礎を学ぶことで、人類は何を考え、何を築いてきたのかを追体験しようというわけです。そのプロセスは、自分自身が何を考え、人生において何を築くかという問題とも直結します。

ただし、「ヘレニズム」が今日に伝えられるまでには、きわめて数奇な運命を歩みました。

以下に、その足跡をたどってみることにします。

学術センターとしてのアレクサンドリア

私見ですが、世界の歴史はほぼ500年の周期で大きな転換を迎えています。まずはアレクサンドロス大王の東征後、ヨーロッパにおいて台頭したローマが共和政から帝政に移行して版図を拡大するまでの500年、またその中でキリスト教が起こり、迫害の時代を経てローマ帝国の国教となり、世界宗教へと拡大していくまでの500年、さらにローマ帝国が衰退し、ヘレニズムがイスラム世界に渡ってヨーロッパに帰還するまでの500年、ざっと13世紀までを概観します。

紀元前323年、アレクサンドロス大王の急死を契機に、マケドニアは後継者争いが勃発してプトレマイオス朝エジプト、セレウコス朝シリア、アンティゴノス朝マケドニアの三国に分裂します。このうち、「ヘレニズム」をもっとも継承したのが、プトレマイオス朝エジプトの首都、かつてアレクサンドロス大王が建設したアレクサンドリアでした。

同国の初代国王であるプトレマイオス1世は、大王とともにアリストテレスに学んだ人物で、学問に造詣が深かったと言われています。また地中海に面したアレクサンドリアは、経済・交易の中心地として栄えます。その財力を背景に、「ムセイオン」という研究所を設立。また後を継いだプトレマイオス2世の時代には、世界最大規模と呼ばれる「アレクサンドリア図書館」が併設されます。これらの施設によって、ギリシャをはじめ各地から多数の学者が招聘され、また文献資料が収集されました。こうして「ヘレニズム」のみならず、当時の学問と研究の中心地になったわけです。

プトレマイオス朝エジプト自体は、紀元前30年、有名なクレオパトラ女王の時代にローマ帝国に敗れて滅亡します。その後、エジプトはローマ帝国の属州となりますが、「ムセイオン」と図書館は何度となく危機を迎えながらも学術センターとして存続します。「ヘレニズム」の一角も、ここで伝承されたわけです。

アリストテレスに予見されたローマの政体の変遷

一方、ヨーロッパでは衰退するギリシャと入れ替わるように、その西側に位置するイタリア半島でラテン民族が力を持ち始めます。その国家がローマです。紀元前3世紀ごろから周辺国と戦争を繰り返し、紀元前2世紀半ばには地中海全域まで版図を拡大していました。

そのころのローマには、「元老院」という共和政の政治システムがありました。貴族の有力者を議員として構成された機関で、名目上は国会にあたる「民会」の諮問機関ですが、実質的には政治を動かす統治機関でした。

図表7-1 ローマ共和政のしくみ

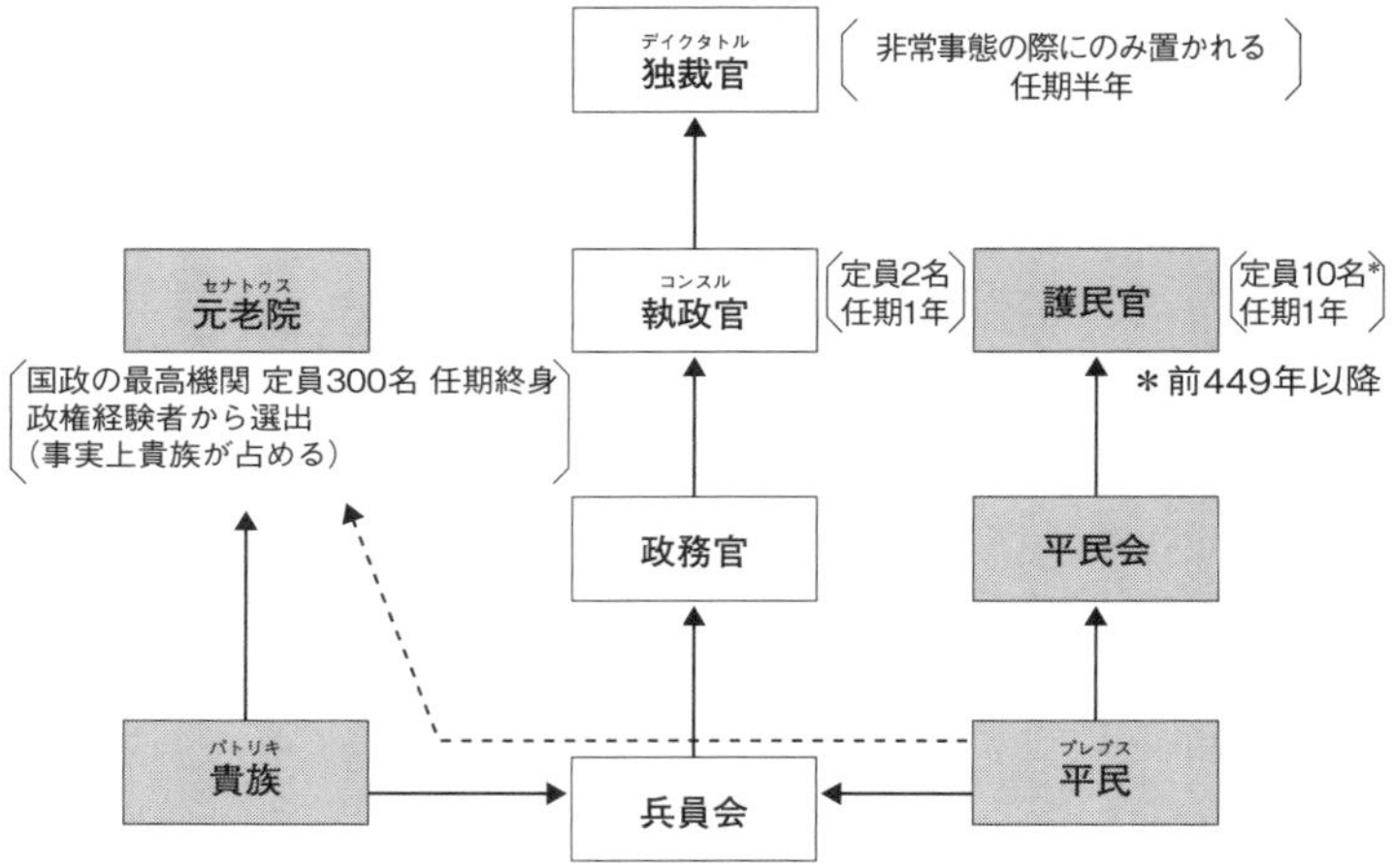

議員は終身制でしたが、貴族なら誰でもなれたわけではありません。まず選りすぐりの家系であること、約10年の軍隊経験があること、それに市民のことを第1に考えることが条件でした。

実際のところ、大農場を経営するなどして富を築いた人が貴族化し、元老院の議員となって国政を運営していました。いわゆる共和政の枠組みの中で、エリートによる貴族制の政治体制を維持していたわけです。彼らはもはや富を蓄える必要もなく、それより市民のための善政を心がけたため、安定した牧歌的な社会だったと考えられています。

共和政時代のローマは、アリストテレスが『政治学』において、理想とした政治システムに近いものだったと言えるでしょう。支配層である貴族らはみな清廉で、民衆の庇護者に徹していたからです。

ところが、紀元前2世紀以降、戦争に勝利し属州から奴隷と安価な穀物が流入するようになると、農場経営の方法が変わります。大規模農園は、奴隷を使ってより大規模化を目指さなければ淘汰されるようになりました。地域の人数が増えたため、誰にとっても「面倒見がいい」とは行かなくなった面もあります。

また、一部の〝勝ち組〟の元老院議員は、特権にあぐらをかいて私利私欲を優先する存在となりました。それだけ議員の質は低下したわけです。あるいは戦場で武功のあった者は、たとえ平民であっても元老院議員をはじめとする政府要職を狙うようになります。

一方、中規模以下の農園や兵役を課された市民階級は没落しました。また、大量の奴隷が劣悪な環境での労働を余儀なくされます。つまり、社会全体で貧富の格差が拡大して人々の不安や不満が募り、不安定化したわけです。こうした政治的混乱は、紀元前120年ごろからおよそ1世紀にわたって続きます。これを「内乱の1世紀」と言います。ここから、共和政は崩れ始めるわけです。

その1世紀を象徴する出来事が、紀元前73年に起きた剣闘士スパルタクスの反乱です。反乱軍はしだいに膨れ上がり、ピーク時は十数万人に達したと言われています。

それに対し、元老院側は大量の軍隊を送り込んで鎮圧。その際に活躍した軍人クラッススやポンペイウスは、市民からの人気を一気に高めて政府の要職に就きます。やがてそこに元老院議員だったユリウス・カエサルも加わり、わずか3人で元老院打倒を掲げ、国政の実権を握ることになります。

以後、高い国民的人気と軍事力、経済力を併せ持つ彼らにより、ローマの政治権力は掌握されていきました。つまり元老院による貴族政、民会による共和政から、3人による寡頭制政治へと移行したわけです。これを「三頭政治」と言います。

しかし、この体制はあっさり瓦解します。クラッススは遠征中に戦死、ポンペイウスはカエサルと争って敗走し、逃亡先のエジプトで暗殺。そして独裁体制を固めようとしたカエサルもまた、腹心のブルトゥスなどによって暗殺されました。

とはいえ、ローマが共和政に戻ることはありませんでした。後継者のオクタウィアヌスが内戦を制し、紀元前27年に「アウグストゥス」（尊厳者）の称号を与えられて初代皇帝に就任します。「ローマ帝国」の時代は、ここから始まります。

以上の経緯は、前章で紹介したアリストテレスの『政治学』の指摘どおりでしょう。少数者による支配でも「貴族政」は善政になりやすいが、私利私欲に走ればただちに「寡頭制」に陥る。また多数参加の「共和政」なら理想的だが、格差が広がればただちに「衆愚」に陥る。そして、「寡頭制」も「衆愚」も長続きはしない。これからローマは帝政に入るわけですが、見方や立場によっては「王政」の時代も「僭主制」の時代もありました。このあたりは、アリストテレスの慧眼だと思います。

ちなみにカエサルなどと同時代、ローマにはギリシャ哲学に精通したキケロという政治家・哲学者がいました。体制が寡頭制に傾いていく中、彼は『政治学』に則るかのように共和政に引き戻すよう画策します。またカエサルの暗殺に関与したかどうかは不明ながら、もともと友人だったブルトゥスなど暗殺者側を称賛したことは間違いありません。しかし、そのためにカエサルの腹心の部下だったアントニウスに憎まれ、カエサルの死後1年で惨殺されています。

皇帝たちが信奉した「ストア派」哲学

キケロはもう1つ、大きな仕事を成し遂げています。ギリシャ哲学の書をラテン語に翻訳し、ローマのエリート層が読めるようにしたのです。とりわけキケロが信奉したのが、ストア派と呼ばれる一派でした。

アレクサンドロス大王の東征が終わったころの紀元前4世紀後半、キプロス島のゼノンという商人が、乗っていた商船の難破によってアテナイに漂着します。そのとき、たまたま立ち寄った書店でクセノフォンの『ソクラテスの思い出』を読んで感動し、思索の道に入って独自の哲学を立ち上げたと言われています。彼がアテナイの彩色柱廊（ストア・ポイキレ）で講義を行ったことから、こう呼ばれるようになりました。

資料がほとんど残っていないため、ストア派哲学の全体像は不明です。しかし論理学、自然学、倫理学の3つから成り立ち、最終的に「不動心」を得ることを理想としていることは間違いありません。そのためには「知恵」「勇気」「正義」「節制」という4つの徳を追求することが重要で、それによって欲望や苦痛といった情動（パトス）と対峙し、抑え込むべきと説きます。

また、徳は自然の摂理に沿ったものであり、人間なら誰でも追求する能力を持っているとのこと。問題なのは無知を自覚せず、必要な知識を持とうとしないことだとしています。このあたりは、ソクラテスの影響が感じられます。ちなみに「ストア派」は、禁欲主義を意味する「ストイック」の語源でもあります。

この思想は、ローマ帝国のエリート層の間で広く受け入れられました。帝政に移行後、いわゆる「暴君」はさほど多くありません。むしろ紀元後1世紀末から2世紀末までは「五賢帝時代」と呼ばれるように、皇帝が善政を心がけて国家が平和安定的に推移した時代もありました。アリストテレスの『政治学』の分類に従えば、独裁政権でありながら「僭主制」には陥らず、「王政」が続いたわけです。

その要因はいろいろ考えられるでしょうが、ストア派の哲学が根底にあったことは間違いないでしょう。また結果的に領土が拡張し、政情が安定したことを考えれば、その思想に真理があると見ることもできると思います。

民の疲弊が救世主イエスを生んだ

これとは別に、「ヘレニズム」はローマの社会に多大な影響を及ぼすことになります。辺境の宗教だったはずのキリスト教と結びつき、国教へと押し上げるばかりか、むしろ国家よりも権力を持つ組織へと導いたのです。

そこでまず、キリスト教が誕生するまでの経緯を追ってみます。紀元前4年ごろ、その支配下だったパレスチナのガリラヤ地方（現イスラエル北部）で生まれたのが、ユダヤ人のイエス＝キリストです。

その生涯を知る上でほぼ唯一無二の資料が、『新約聖書』に含まれる「福音書」です。イエスの死後、弟子やその同伴者などであるマルコ、マタイ、ルカ、ヨハネがそれぞれ書いた4種類があります。

ただし、イエスの幼年期から青年期にかけての記述は、ほとんどありません。宗教活動を始めたのは、およそ30歳のころから。「神の国は近づいた」と説き、ガリラヤの貧しい市井で病人を治療したり、死者を蘇らせたりといった奇跡を数多く起こしたとされています。それによって「十二使徒」をはじめとする多数の信者を獲得しました。特にローマ帝国の支配下にあり、迫害されていた多くのユダヤ人にとって、イエスの存在はまさに救世主でした。

「福音」とは、イエスが弟子や群衆に向けて語った良い知らせという意味です。ただし、あくまでも信者が後になって記述または口述したものなので、かならずしも正確な記録とは言えません。むしろ布教活動のために、都合よく創作された箇所もあると考えられます。とはいえ、神に関する斬新で断定的な語り口や、社会的な弱者とも分け隔てなく接していたこと等は史実どおりとされています。

しかしそのために、イエスの宗教活動はわずか2年ほどで終了します。紀元後30年ごろ、他ならぬユダヤ人によって捕らえられ、最終的にはローマの判断で死刑となり、エルサレム郊外にあるゴルゴダの丘で十字架にかけられたからです。

ただし3日後には復活し、十二使徒をはじめ多くの信者の前に現れたとされています。ここから、「イエスは今も生きている」「イエスはすべての人間の罪を自らの磔刑で贖った」「世が終末を迎えるとき、ふたたび地上に現れる（再臨）」といった思想が生まれ、イエス自身を信仰の対象とする原始キリスト教が誕生します。「キリスト」とはギリシャ語で「救世主」を意味する言葉です。

イエスはなぜユダヤ人によって十字架にかけられたのか

ではなぜ、イエスは同胞であるはずのユダヤ人に断罪されたのか。それを理解するには、ユダヤ人の迫害の歴史とユダヤ教について知る必要があります。ほぼ唯一の資料は『旧約聖書』です。

それをもとに類推すると、まず民族の始祖であるアブラハムがカナン（現イスラエル・パレスチナ周辺）に移住してきたのが紀元前17世紀より前。しかし大地が枯渇したため、エジプトへ集団で移住します。当初は厚遇されたものの、ファラオの代替わりとともに奴隷として扱われます。彼らは自らを「イスラエル人」と称していましたが、このころは他民族から「ヘブライ人」と呼ばれていました。

その劣悪な状況から逃れるべく、紀元前13世紀ごろにリーダーだったモーセは一族を引き連れて脱出を図ります。これが「出エジプト」と呼ばれる出来事です。途中、紅海に行く手を遮られますが、モーセがヤハウェ神に祈ると海が割れて道ができた、という話は有名でしょう。またシナイ半島にあるシナイ山の山頂では、モーセがヤハウェ神からユダヤ教の戒律である「十戒」を授かったとされています。結局、彼らは40年間の放浪の後、〝約束の地〟であるカナンへの帰還を果たしました。

そして紀元前11世紀ごろ、この地に「イスラエル王国」を立ち上げます。2代目の王であるダビデ王は首都をエルサレムに定め、その子で三代目の王であるソロモン王はエルサレムにヤハウェ神殿（第一神殿）を建設しました。

ところがソロモン王が亡くなると、内部の部族間で紛争が始まります。紀元前922年には、北部の部族が独立して新たな「イスラエル王国」を建て、エルサレムを含む南部は「ユダ王国」となりました。およそ100年で南北に分裂したわけです。

このうちイスラエル王国は、紀元前722年にアッシリア帝国に征服されて滅亡。またユダ王国も、そのアッシリアを滅ぼした新バビロニア王国に攻められ、紀元前586年に滅亡します。このとき、エルサレムはヤハウェ神殿を含めて徹底的に破壊され、住民の大半が新バビロニアへ連行されました。これを「バビロン捕囚」と言います。イスラエル人(ヘブライ人)は祖国を失ったわけです。またこのころから、彼らは「旧ユダ王国の人」という意味で「ユダヤ人」と呼ばれるようになります。

彼らが新バビロニアの地でどのような扱いを受けたかは、定かではありません。少なくとも奴隷としてではなく、強制的に移住させられた程度だったようです。とはいえ祖国と信仰の拠点だった神殿を失ったことで、アイデンティティの危機に遭遇します。そこで彼らは、民族としての誇りや信仰心まで失わないための方策を模索します。それが律法(トーラー)であり、シナゴーグ(集会所)でした。

律法とは、ヤハウェ神とユダヤ人との契約という意味です。日常生活における信者としての義務や規則などで、『旧約聖書』における「モーセ五書」(創世記、出エジプト記、レビ記、民数記、申命記)を指します。またシナゴーグはいわばユダヤ教の教会で、信者が集い、律法を学んだり信仰を共有したりする場です。これらは今日も存続していますが、発端は「バビロン捕囚」にあったのです。

その後の紀元前539年、新バビロニア王国はヘロドトスの『歴史』にも登場した大国アケメネス朝ペルシア帝国に滅ぼされます。それによって解放されたユダヤ人の多くはカナンの地に戻り、エルサレムにヤハウェ神殿を再建しました。これを「第二神殿」と言います。

しかし、独立国家の再建とまでは行きません。ペルシア帝国、アレクサンドロス大王のマケドニアなどに支配され、紀元前1世紀ごろからはローマの属州となります。

イエスが誕生したのは、そんな時代でした。その思想はあくまでもユダヤ教の一派という位置づけで、多くの信者を獲得したことは前述のとおり。しかしユダヤ教の指導者から見れば異端者であり、神への冒瀆でしかなかったのです。

まず神との契約を重んじ、律法を守ることがユダヤ教徒の前提条件です。それに対してイエスは「隣人愛」を徹底的に重視し、そのために律法を破ることがあっても仕方がないという姿勢を示します。

それに何より、イエスは「神の子」を自称しますが、ユダヤ教における神は人間の肉体を持たず、可視化できないものとされています。したがって、イエスを「救世主」とは認めていないし、イエスが十字架にかけられることによって人々の罪が償われたとも考えません。

しかしその後、ユダヤ教が民族宗教であり続けるのに対し、イエスの思想はキリスト教として世界宗教へ発展していくことになります。その契機となったのが、弟子たちによる積極的な布教活動であり、『新約聖書』の編纂であり、そしてローマ帝国による国教化でした。

プラトンの著作と『旧約聖書』の共通点

ところで、ユダヤ教・キリスト教とヘレニズムとの間にも、浅からぬ関係があります。もともと『旧約聖書』はヘブライ語で書かれていました。「旧約」とは『新約聖書』を持つキリスト教からの呼称であり、ユダヤ教にとってはこれが唯一の「聖書」です。紀元前２５０年ごろから、これが当時の世界の公用語だったギリシャ語に翻訳されました。それを『七十人訳聖書』と言います。

舞台となったのは、先に紹介したエジプトのアレクサンドリア。時の国王だったプトレマイオス2世は、1世と同様に文化・学問への造詣が深く、アレクサンドリア図書館を建設したことでも知られています。

翻訳も、その一環だったのでしょう。あるいはユダヤ人の放浪の歴史の結果、アレクサンドリアにヘブライ語を読めないユダヤ人が多数居住するようになったためとも言われています。いずれにせよ、ユダヤ人の12の部族から各6名の長老をアレクサンドリアに呼び、72人で「律法（モーセ五書）」の部分の翻訳作業を終えさせたという伝説が残っています。だから『七十人訳聖書』と呼ばれているわけです。

この聖書は、ユダヤ教徒よりもキリスト教徒の間で広く受け入れられました。『新約聖書』には『旧約聖書』から引用された箇所が多数ありますが、すべて『七十人訳聖書』を原典としています。パウロなどイエスの弟子が布教活動を行う際も、これを携えていたそうです。またギリシャ語に訳されたことにより、それを原典にしてラテン語をはじめ複数の言語にも翻訳されました。まずギリシャ語がキリスト教の世界的な浸透に一役買ったことは間違いないでしょう。

それだけではありません。イエスが生きた時代、アレクサンドリアにはフィロンというユダヤ人哲学者がいました。ユダヤ教の思想を、ギリシャ哲学と結びつけて解釈した人物として知られています。特にプラトンの著作『ティマイオス』(「アテナイの学堂」においてプラトンが左手に抱えている書)に影響を受け、『旧約聖書』とプラトン哲学には共通点があると考えました。

同書の中には、「デミウルゴス」という世界の創造者が登場します。ある種の理想郷である「イデア」に似せて、現実界を作ったとしています。この「デミウルゴス」を「神」に置き換えれば、『旧約聖書』の「創世記」に描かれた「天地創造」の物語と共通性がある、とフィロンは説いたのです。プラトンのことを「ギリシャのモーセ」とも述べています。

あるいは第4章で紹介したとおり、プラトンの『国家』の第10巻には「エルの物語」があります。勇敢な戦士エルが戦闘で亡くなったものの、12日目に復活して「あの世」で見てきたことを語り出す、という話です。

それによると、死んだ人間の魂は裁判官によって審判を受けるそうです。生前の行いが良ければ祝福されて上の世界へ送られ、悪ければ過酷な罰が待ち受ける下の世界へ送られる。そしていずれの魂も1000年後に復活し、「放念の河」ですべてを忘れて新たな生を受け、地上に戻される。そんな話でした。

これは、ユダヤ教やキリスト教にある「最後の審判」の話ときわめてよく似ています。世界の終末の日に神が現れ、死者も生者も含めてすべての人類を裁きにかけるというものです。天国と地獄に分けられる点も同じです。

ただしキリスト教の場合、ユダヤ教の終末思想を受け継ぎつつ、すべての人間の罪をイエスが身代わりになって引き受け、罰から救済するという話に発展します。このあたりが、ユダヤ教と相容れないところでしょう。

キリスト教に思想的根拠を与えた「新プラトン主義」

同じくアレクサンドリアでは、別の角度からプラトンの哲学を解釈する一派が現れました。これを「新プラトン主義」と言います。

第4章でも述べましたが、プラトンの著作の多くは「対話篇」という独特の形式であり、言葉は平易ながら意図を読み解くことはなかなか困難です。逆に言えば、だからこそさまざまな解釈が成り立つとも言えるでしょう。

「新プラトン主義」もその1つ。紀元後3世紀ごろ、エジプトの哲学者プロティノスが提唱したもので、プラトンの「イデア論」に当時のオリエントの神秘主義的な思想を加えてより徹底させたことに特徴があります。

それによると、世界は大きく四層構造になっているそうです。最上階が「一者」、その下が「知性」、その下が「魂」、そして最下層が「現実界」です。すべての創造主は「一者」であり、そこが発する無限のエネルギーが「知性」に流出し、さらに「魂」に流出し、そこから「現実界」に溢れることによって世界が成り立っていると考えます。これを「流出論」と言います。

またこういう世界観を前提として、人間が生きる目的は、肉体という現実から離れて「愛（エロース）」の力でこの流れを遡上し、「一者」に近づくことであると説きます。

もっとも、この思想が「新プラトン主義」と称されるようになるのは18世紀以降です。プロティノス自身は、プラトン哲学の正統な解釈と位置づけていました。またキリスト教に対しても否定的だったようです。

しかし「一者」という絶対的な存在は、「一神教」を連想させます。だからキリスト教と結びつき、その思想的根拠となっていきました。異教を排除するには教義の理論化が必要であり、そのためにプラトンの思想を利用したとも言えるでしょう。これにより、プラトンの名も後世に語り継がれたのです。またその理屈を説く神学者や聖職者のことを「教父」と言います。

とりわけ「新プラトン主義」の影響を受けたのが、紀元4世紀~5世紀に生きたキリスト教の神学者で、特にカトリックの教義の確立に貢献することになるアウグスティヌスです。それは、キリスト教のローマ国教化、そして世界宗教化にも大きく貢献することになるのです。

アウグスティヌスがキリスト教の教義を確立

アウグスティヌスは複数の著作を残しましたが、代表的なものが『告白』と『神の国』です。このうち『告白』は赤裸々な自叙伝で、若くして外遊して弁論術を学んだこと、キリスト教を捨ててペルシア発祥のマニ教を信奉したこと、一方で肉欲と酒に溺れ、放蕩な日々を過ごしたこと、そしてあらためてキリスト教に出会って救われたことなどを綴っています。

その中には、若いころにアリストテレスの著書『十個の範疇』を読んで、「何の役にも立たなかった」と述べている箇所もあります。当時の学者たちがよくこの本について議論し、また周囲の学生が理解できずに投げ出していたことから、どれほど偉大な内容かと期待したそうですが、容易に理解できた上に期待はずれだったらしい。きわめて現実的・合理的なアリストテレスの思想は、神を求めるアウグスティヌスには合わなかったようです。ただこの記述から、当時インテリ層の間でいかにアリストテレスが崇められていたかがわかるでしょう。

その後、ミラノに出てアンブロジウスの教えを受け、「新プラトン主義」に出会います。その神秘性とキリスト教との間に多くの共通点を見出した上で、解釈を変えて『新約聖書』の「パウロ書簡」を読み直し、ようやくキリスト教への回心を決意したそうです。

また『神の国』で展開したのが、世の中には「神の国」「地の国」があるとする「二世界論」です。安らぎに満ちた「神の国」は目に見えませんが、それを世俗にまみれた「地の国」で体現させたのが教会であると位置づけます。だから信仰心があれば、現実の国家がどうなろうとも、教会を通じて「神の国」に近づけると説いたわけです。

この主張は、激変する現実世界に対応する処方箋でもありました。やがて西ローマ帝国はゲルマン民族や中央アジアの遊牧民フン族の相次ぐ侵攻を受けて衰退し、476年に皇帝が追放されて滅びます。一方の東ローマ帝国は15世紀半ばまで存続しますが、ローマからは遠く離れ、しだいにギリシャ文化に染まって「ビザンツ帝国」と呼ばれるようになります。「ビザンツ」とは、コンスタンティノープルのギリシャ語の旧名「ビザンティオン」に由来します。

しかし、どの民族の誰が皇帝に即位しても、キリスト教やその教会自体は勢力を維持し続けます。それはひとえに、「地の国」とは別次元の存在として「神の国」を想定していたからでしょう。キリスト教は国家に保護される宗教ではなく、むしろ国境を容易に飛び越え、国家の上位概念として幅広く信仰される宗教になりました。また国家は、その威光を権力基盤とすることで強固な統治を試みました。これが、その後の西欧社会の基本構造になったのです。

先にも述べたとおり、キリスト教はもともと虐げられた人々が救済を求めた宗教でした。それが、いつの間にか絶対権力者であるローマ皇帝をも従え、西欧の社会構造を規定する存在に昇華した。ここに歴史の面白さがあります。

その理論的支柱を作ったのがアウグスティヌスであり、さらにその原点をたどればプラトンの思想があったわけです。

学問の破壊から「暗黒時代」へ

ただし、同時代、同じく「新プラトン主義」を信奉していながら命を落とした学者もいます。「新プラトン主義」発祥の地であるアレクサンドリアの哲学学校の校長だったヒュパティアという女性です。哲学者であり、天才的な数学者であり、天文学者でもあったと言われています。ところが、あまりに学究的・科学的だったために、キリスト教的な神秘主義とは相容れません。キリスト教徒から「神の冒瀆者」「異端者」として憎悪の目を向けられるようになります。

412年、アレクサンドリアではキリスト教徒が暴徒化し、異教徒やユダヤ人に対する大規模な迫害・破壊活動が始まります。これは数年に及び、415年にはヒュパティアも虐殺の対象となりました。その生涯や死については、後の時代に多くの文学作品や絵画作品として描かれています。昨今では『アレクサンドリア』(2009年)という映画にもなりました。また

図表7-2　ローマ帝国滅亡後の世界

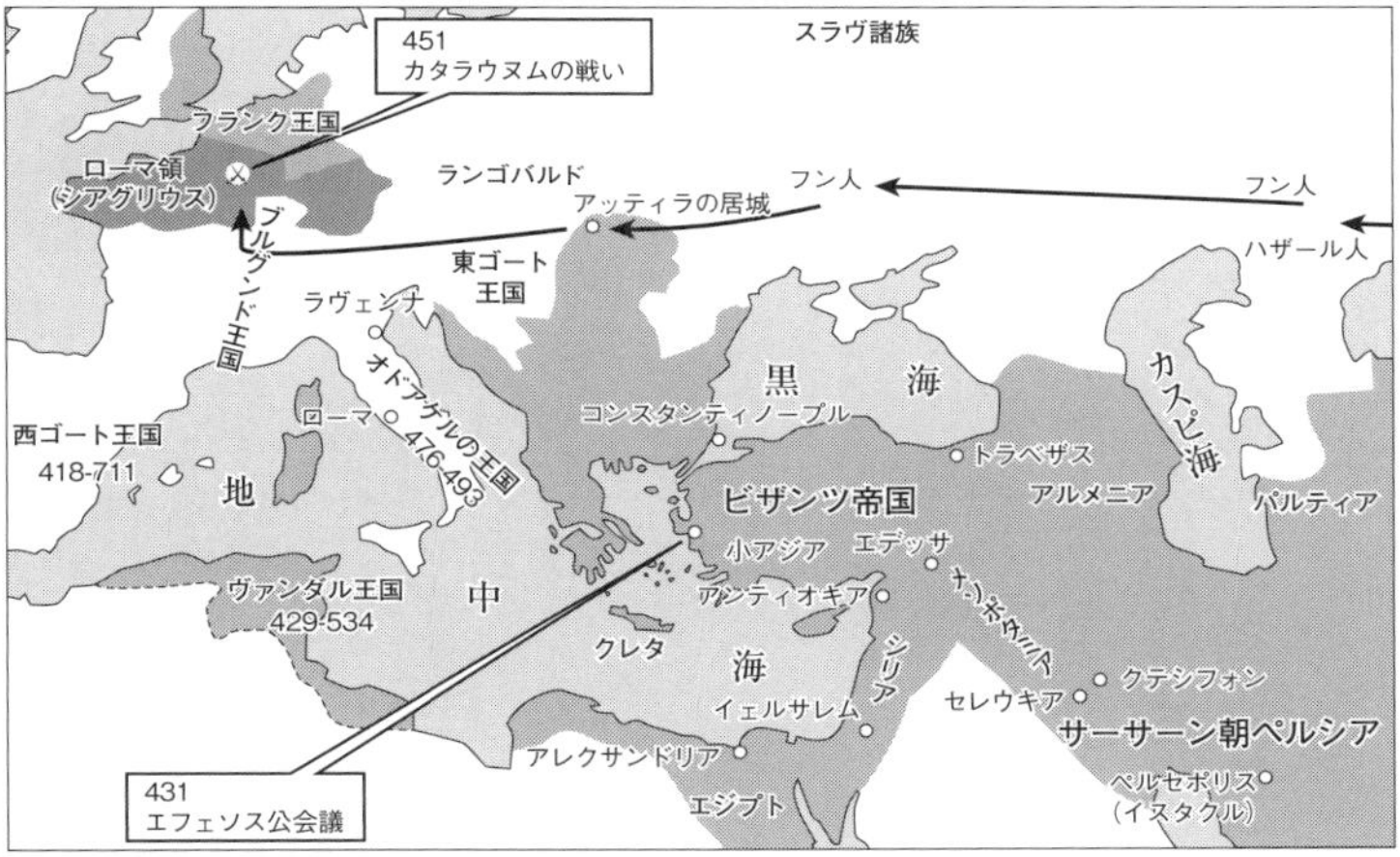

迫害を逃れた異教の学者たちは、できるかぎりの文献を抱え、こぞってキリスト教圏ではない地域、つまり東方のサーサーン朝ペルシアへ亡命を図ったと言われています。

あるいはその後の東ローマ帝国（ビザンツ帝国）でも、ヘレニズムに対する歴史的な破壊が行われました。その最盛期は6世紀のユスティニアヌス大帝の時代。東ゴート王国に支配されていたイタリア半島、さらに西ゴート王国に支配されていたイベリア半島まで奪還し、一時的とはいえかつてのローマ帝国に匹敵するほど版図を拡張します。また現代の大陸法の原典とも言うべき『ローマ法大全』を編纂して法体系を整備し、首都コンスタンティノープルに壮大な「ハギア・ソフィア大聖堂」（現アヤソフィア）を再建したことでも知られています。

その支持基盤であるキリスト教への配慮から、

異教や非キリスト教的なものは厳しく取り締まりました。キリスト教への改宗を迫ったり、従わない場合には公開裁判の末に処刑したり、ということもあったようです。その延長線上で、かつてプラトンがアテナイ郊外に開設した学園「アカデメイア」も、同じくアリストテレスが開いた「リュケイオン」も閉鎖されます。およそ900年にわたって「ヘレニズム」の一翼を担ってきた良質な学問施設が、キリスト教によって退場させられたわけです。学者たちは、やはりプラトンやアリストテレスの文献を抱え、東方へ逃げたそうです。

この後、ヨーロッパは「暗黒時代」と呼ばれる時代に突入します。キリスト教の教義と封建制が跋扈する一方、「ヘレニズム」をはじめとする伝統が途絶え、政治・経済・社会・文化のいずれでも混乱と停滞が続きます。そんな時代が終わるのは、およそ500年後の11世紀以降でした。

一方、西方から逃亡してきた学者たちを受け入れたサーサーン朝ペルシアは、彼らを大学で雇用し、抱えてきた文献を図書館に所蔵します。消えかかった「ヘレニズム」は、この地で命脈をつないだわけです。

「ヘレニズム」はイスラム社会へ

その後の東ローマ帝国は、文明世界の支配者「ローマ帝国」を自称し、同時に最後の審判まで続く「キリスト教国」であると定義づけました。つまり皇帝は政教一体型の強大な権限を持つ「諸王の王」であり、元老院と市民と軍を従えた「地上における神の代理人」というわけです。

しかし、帝国の歴史は安定しません。502年からは、サーサーン朝ペルシアとの間で戦争が始まります（アナスタシア戦争）。この戦争自体は4年で休戦となりますが、その後も両国間の緊張関係は100年近く続きます。シリアやエジプトの穀倉地帯の奪い合いとなり、これによって両国は疲弊しました。

また前述のとおり、一時はかつてのローマ帝国の版図を取り戻しますが、543年にはペストが大流行します。さらに北方からは、スラブ民族やアヴァール民族の侵入を相次いで受けました。遠征や首都建設で財政は借金だらけでした。

一方、サーサーン朝ペルシアは651年に滅びます。これより少し前の622年、アラビア半島メッカ生まれの預言者ムハンマドがイスラム教を興し、たちまち勢力を拡大して約10年でアラビア半島全域を支配。その没後、カリフと呼ばれる後継者たちは東ローマ帝国と戦い、メソポタミア、シリア、エジプト、アナトリア（現トルコのアジア部分）に加えてサーサーン朝ペルシアまで飲み込んでしまうわけです。

その勢いは、カリフの一族であるウマイヤ家が政権を引き継いだウマイヤ朝の時代も続き、8世紀半ばごろまでには北アフリカやイベリア半島まで勢力下に置きます。またその過程で、広域支配を見据え、首都をそれまでのアラビア半島のメディナからシリアのダマスカスに移します。

その後を継いだアッバース朝の時代には、それまでのアラブ人支配の国家形態から、異民族でもイスラム教に改宗すれば差別を受けない体制に移行します。それによって広大な地域の多様な民族を支配しようとしたわけです。これが、本格的な「イスラム帝国」の始まりでした。

７６２年、アッバース朝はこの広大な帝国を統括するために、首都をバグダッドに移します。ここは政治・経済のみならず、文化や学問の中心地となり、当時の世界最大都市にまで発展しました。

重要なのはここからです。先にも述べましたが、イスラム勢力に滅ぼされる前のサーサーン朝ペルシアは、東ローマ帝国から異教徒として迫害された学者たちを宮廷図書館で保護していました。

アッバース朝も、その研究や文献を引き継ぎます。ムハンマドの言葉をまとめたイスラム教の聖書『コーラン』にも「知識を求めよ」という一文があるように、もともとアラブ人は学問に対して貪欲と言われています。それを実践するかのように、８３０年にはバグダッドに「知恵の館」という図書館を設立。そこで行われたのは、ギリシャ語やペルシア語で書かれていた文献のアラビア語への翻訳でした。

この研究に拍車をかけたのが、紙の普及です。これより前の７５１年、アッバース朝は中央アジアの覇権をめぐってタラス（現キルギス）で中国の唐と戦い、勝利します。このとき、捕虜の中に製紙職人がいて、その技法がイスラム社会にもたらされたと言われています。当時、ヨーロッパでは紙といえば高価な羊皮紙であり、したがって文献も希少にならざるを得ませんでした。しかしイスラム世界では安価に紙を作れるようになったため、翻訳作業が一気に進んだそうです。

これにより、ヘレニズムの叡智はイスラム社会に継承され、浸透します。またこの翻訳作業を機に、アラビア語は学術の共通言語としての地位を確立することになりました。

十字軍による「ヘレニズム」の里帰り

イスラムにおけるこうした学術活動が、不思議なめぐり合わせでヨーロッパにも影響を及ぼします。

前述のとおり、ウマイヤ朝の時代にその勢力はイベリア半島にも達しました。しかしアッバース朝に政権を奪われると、この地は「後ウマイヤ朝」として独立を果たします。先進のイスラム文明をベースにしつつ、信教の自由を認めていたのでイスラム教徒の他にキリスト教徒やユダヤ教徒も共存して経済・文化の交流が進み、10世紀ごろまでたいへん栄えていたそうです。

ところが１０００年以降に後継者をめぐって内紛が生じ、１０３１年に滅亡して小国に分裂します。この機に乗じ、半島の隅に追いやられていたキリスト教国のカスティーリャ王国が失地を奪回していきました。

その過程で1085年に征服したのが、マドリードの南に位置する古都トレドです。そこには、アラビア語に翻訳されたプラトンやアリストテレスなどヘレニズムの文献と、イスラムの哲学者・科学者などによる研究書が大量に残されていました。その中には、たとえば古代ギリシャ時代のヒポクラテスの医学、ユークリッドの幾何学、古代ローマ時代のプトレマイオスの天文学に関する研究書もありました。いずれも、当時のヨーロッパではすっかり忘れ去られていたものばかりです。

カスティーリャ王国は、これらをすべてラテン語に翻訳する事業に着手します。その作業にはイスラム教徒、ユダヤ教徒、キリスト教徒の学者が共同で携わり、「トレド翻訳学派」と呼ばれました。これにより、529年のアカデメイア・リュケイオンの閉鎖以来、およそ500年を経てヘレニズムがヨーロッパに戻ってきたわけです。

ちょうどそのころから始まったのが、いわゆる十字軍運動でした。11世紀半ば、イスラム世界で覇権を握ったセルジューク朝は、その勢いに乗るようにビザンツ帝国（東ローマ帝国）の領土に進出してシリアやパレスチナの地を奪います。それに対してビザンツ帝国はローマ教皇に救援を要請し、教皇がそれに応じて派遣したキリスト教圏の連合軍が十字軍です。遠征は13世紀末までの約200年の間に、計8回（解釈によっては7回）にわたって行われました。しかし結局、軍事的・領土的には何も得られないまま終了しています。

その代わり、これを機にイスラムとの交流や交易が盛んになり、その文化や技術がヨーロッパに伝わります。それは、イスラムより文明が立ち遅れていることに気付かされ、危機感を醸成することにもなりました。また当時は商業がめざましい勢いで発展し、豊かさを享受する時代でもありました。それは一方で大衆の堕落を招き、そのことに対する反感も渦巻いていました。そこで一気に高まったのが、学問への欲求です。

「大学」の誕生

もともと教会や修道院には、「スコラ」と呼ばれる学校が併設されていました。それは、西ローマ帝国の滅亡と深く関わっています。イタリア半島や西ヨーロッパは大量に流入したゲルマン民族によって破壊され、荒廃しますが、教会は存続しました。彼らは生き残りをかけて、ゲルマン民族のキリスト教化に乗り出します。そのための学校が「スコラ」でした。

宗教の教育には、神の存在を信じ込ませるための理屈が必要です。そこで役立ったのが、先に述べたアウグスティヌスの『神の国』のような著作でした。プラトンのイデア論をベースにしつつ、「信じる」ことによって魂が救われるとするその教義は、十分に説得力を持っていたのです。

図表7-3　中世に誕生した主要大学

大学名	起源	代表的出身者
ボローニャ大学	法学中心。11世紀に成立。 ローマ法の専門学校が発展	ダンテ
パリ大学	神学中心。12世紀に成立。 ノートルダム大聖堂付属の神学校が母体	トマス・アクィナス
オックスフォード大学	神学中心。12世紀に成立。 パリから移住した学生により設立	ロジャー・ベーコン
ケンブリッジ大学	13世紀に オックスフォード大学より分離	エラスムス、 ニュートン
ナポリ大学	13世紀に神聖ローマ皇帝 フリードリヒ2世が設立	ボッカチオ
プラハ大学	14世紀に神聖ローマ皇帝 カール4世が設立	フス

ところがイスラムから古くて新しい知識がもたらされると、スコラのあり方も変化します。神の存在を認めさせるという目的自体は変わりませんが、生徒はゲルマン民族のみならず幅広い層となり、授業も一方的な講義ではなく議論や質疑応答によって行われるようになりました。より広く、深く知りたいという社会の要請に応えたわけです。こういう教え方全般を「スコラ学」と言います。また「スコラ」は、今日の「スクール」の語源です。

やがて、教会や修道院とは関係なく、独立した形の「スコラ」が登場するようになります。その中でも主導的な役割を担ったのが、学びたい者が集まって一種の組合を結成し、共同で教員を雇うような形態です。これをラテン語で「ユニベスシタス」と言い、その延長線上で生まれたのが大学です。イタリアのボローニャ大学をはじめ、パリ大学、オックスフォード大学、ケンブリッジ大学、スペインのサラマンカ大学などがこの時代に設立されました。

これらの大学では、神学や哲学はもちろん、医学や法学、自然科学なども教えられたようです。ちなみに今日、大学を「ユニバーシティ」と称するのは、「ユニベスシタス」に由来します。

トマス・アクィナスが科学と宗教の関係を整理

大学が誕生して学問が盛んになり、知識が増えて論理的な思考が台頭すると、あらためて問われるのが「神とは何か」という問題です。つまり神学と哲学に関わる話ですが、これを「スコラ哲学」と言います。

以前ならアウグスティヌスが説いたとおり、新プラトン主義に則って「神の国」の存在を想定することがキリスト教の教義の基本でした。しかし、もはやそれでは非科学的で、人々を説得できなくなっていました。新しい知識や科学を容認すれば人々の信仰離れを招きかねないし、排除すれば知識層との対立を招き、イスラム世界からますます遅れることになります。

そこで新説を打ち出したのが、13世紀に生きたイタリアの神学者・哲学者のトマス・アクィナスです。イスラムから持ち込まれた大量の文献を読み込むうちに、アリストテレス哲学の根本的な概念である「4原因説」というものに辿り着きます。ごく簡単に言えば、何かの存在や動作にはかならず原因がある、とする考え方です。

トマス・アクィナスは、ここからヒントを得ました。あらゆる事象に原因があるとすれば、その原因にも原因があることになる。しかし、いつまでも遡れるはずはない。その出発点こそ神である。それを証明しているのが宇宙で、人間は手を下していないが、太陽も月も星も天体として動いている（当時は天動説だった）。これこそ神の仕業である、というわけです。これを、「神の宇宙論的証明」と言います。

そしてもう一歩、ここから論を進めました。世の中の真理は二重になっていると説いたのです。ほとんどの事象の原因と結果は、人間の理性で理解できる。そのための学問が哲学です。

しかし宇宙の動きや死後の世界、それに神の存在など、人間の理解の及ばない事象もある。それを解き明かすのが神学であるとしました。

その上で、代表的な著書『神学大全』において、「哲学は神学の端女《はしため》である」というスコラ哲学の一文を引用しました。「端女」とは、召使いの女性という意味です。哲学は人間の叡智の結晶として必要不可欠だが、叡智の及ばない部分を扱う神学のほうが絶対的に上位であるというわけです。

この解釈は、その後の世界に大きく2つの足跡を残しました。1つは神学の根拠をプラトンからアリストテレスに移したこと、そしてもう1つは神学と哲学の関係を明快に整理したことです。これにより、知識や科学は哲学の範疇として存分に吸収できるようになりました。一方で、それは神学を手助けするという位置づけなので、その中心地である教会の権威も不動のものにしたのです。

今日の欧米において、一見すると矛盾しかねない科学と宗教は当たり前のように両立しています。その根底にあるのはトマス・アクィナスの思想であり、さらに言えばアリストテレスの哲学であると言えるでしょう。

それはともかく、こうしてイスラムからヨーロッパへ大量の知識が逆輸入または流入し、学問や科学や芸術が開花した時代を「12世紀ルネサンス」と呼びます。これが、14世紀のイタリアで始まる本格的なルネサンスの前哨となりました。

第8章

「西洋」優位の時代の幕開け～ルネサンスから近代まで

ヘレニズムが開花させた「ルネサンス」

「ルネサンス」とはフランス語で「再生」「復活」を意味します。文字どおり、ヨーロッパにおいて長らく途絶えていたヘレニズムの文化が復活したことを指します。

本格的なルネサンスは、14世紀のイタリアから始まりました。これには大きく3つの理由があります。

第1は前章で述べたとおり、イスラム世界からヘレニズムの文化が大量に逆輸入されたこと。これによって人々は学問や科学、芸術に目覚めました。

第2は「黒死病」と呼ばれたペストの大流行。14世紀半ばにイタリアで発生したこの感染症は、数年のうちにヨーロッパの全人口の3分の1の生命を奪ったと言われています。社会・経済への打撃はもちろんですが、同時に人々の死生観・宗教観にも大きな影響を及ぼしました。死が迫っていることに対して教皇も教会も無力であると知り、ならば権威に縛られずに自由に生きようと思うようになったのです。

そして第3は、商業の発達。特に北イタリアのヴェネチアやジェノヴァなどの港湾都市は、イスラム世界との交易の拠点として栄えました。その豊かさを背景として、市民の文化が発達したのです。この時期、イタリアで生まれた代表的な作品が、ダンテの叙事詩『神曲』やボッカッチョの短編小説集『デカメロン』です。

15世紀になると、ルネサンスの中心は中北部の内陸の都市フィレンツェに移ります。ここで主導的な役割を果たしたのが、金融業で財を成したメディチ家です。1453年、東ローマ帝国（ビザンツ帝国）が滅亡します。すでに11世紀の十字軍の時代から勢力は衰えていましたが、イスラム世界で勢力を拡大していたオスマン帝国の侵攻を受けて首都コンスタンティノープルが陥落。およそ1000年で歴史を終えることになりました。

このとき、コンスタンティノープルに多くいたギリシャ人の学者や芸術家は、こぞって脱出して西へ向かいます。そんな彼らを受け入れて保護したのがメディチ家でした。これにより、ヘレニズムは主にフィレンツェに継承されることになったのです。

今日でも同市を象徴するサンタ＝マリア大聖堂は、この時期に完成しました。またフィレンツェで生まれたボッティチェリが有名な絵画「ヴィーナスの誕生」を描いたのも、15世紀の末です。ちなみに「ヴィーナス」のもともとのモデルは、ギリシャ神話に登場する生殖と豊穣の女神アプロディーテーです。

さらに16世紀にかけて、ルネサンスは全盛期を迎えます。フィレンツェでレオナルド・ダ・ヴィンチが「モナ・リザ」を描いたのも、ラファエロが先に紹介した「アテナイの学堂」を描いたのも、また思想家マキャベリが『君主論』を書いたのもこの時期です。その後、中心地はフィレンツェからローマに移り、ローマ教皇が主要な保護者になります。それを象徴するのが、ラファエロやミケランジェロなどが設計や壁画制作を担ったカトリックの総本山・サン＝ピエトロ大聖堂の大改修です。ただし、これがマルティン・ルターによる宗教改革の萌芽ともなりました。

「大航海時代」の到来で「株式会社」が誕生

当時のヨーロッパでは、ルネサンスと絡み合いながら2つの大きな変化が起きていました。1つは大航海時代の始まりです。

東ローマ帝国を滅ぼしたオスマン帝国は、地中海交易の権益を獲得します。その煽りを受けて、ヨーロッパ各国は新たな交易ルートをより西に、つまり大西洋に求めたわけです。

先鞭をつけたのが、ポルトガルとスペインです。地理的に大西洋に面しているためでもありますが、それだけではありません。前章で述べたとおり、イベリア半島はかつてイスラム勢力に支配されていました。11世紀初頭から地元のキリスト教勢力が盛り返しますが、イスラム勢力はなお複数の小国として存続します。しかし15世紀末、彼らはほぼ完全に排除されました。この一連の動きを「レコンキスタ」と言います。

この反動のように、ポルトガルとスペインは国王が強力な権力を持つカトリック教国となります。彼らは権益を求め、国家を挙げて競うように新ルートの開拓に邁進しました。それを可

図表8-1　新航路発見以前と以後の貿易関係

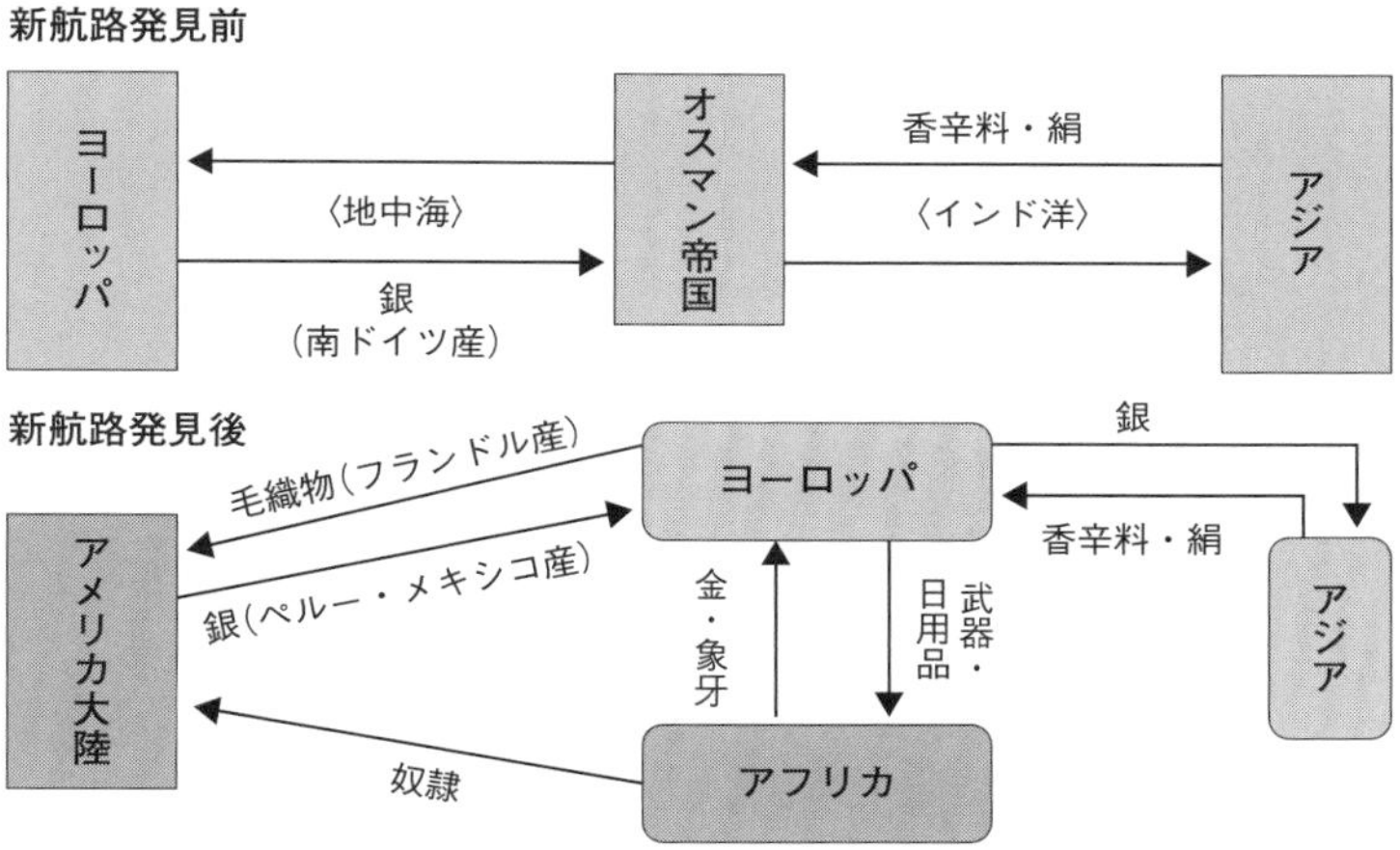

能にしたのが、ルネサンスによってもたらされた造船や航海の技術です。またローマ教皇も、新天地での布教活動のため、彼らを支援しました。

最初に開発されたのは、ポルトガルによるアフリカ西海岸を南下するルート。そこから喜望峰を越え、インドへ到達するルートを開きました。インドから香辛料を輸入することにより、ポルトガルは莫大な富を得ることになります。

一方、スペインからの出資を受けたコロンブスは大西洋を横断し、ヨーロッパ人として初めてアメリカ大陸に到達します。さらに、マゼランに率いられたスペイン艦隊は世界初の世界一周を成し遂げました。ここから、スペインは中南米の植民地化に注力します。やがて現地で大量の銀が生産されるようになり、スペインもまた潤います。

17世紀以降、この先進二国にオランダ、イギリス、フランスも追随しました。後発ながら海外で権益を確保していきますが、これには大きく2つの理由が考えられます。1つは北米大陸やオーストラリア大陸などを先進二国より先に開拓したこと、そしてもう1つは「株式会社」の制度を確立したことです。

航海には、当然ながらさまざまなリスクがあります。出港までにかけた多額の資金は、成功すれば何十倍にもなって返ってきますが、失敗すればすべてムダになるだけです。だからポルトガル・スペインが主導した時代は、国家をはじめ一部の富裕層が主な出資者となり、また一航海ごとに精算するのがパターンでした。ある意味で一発勝負のギャンブルに近かったわけです。それだけに、航海の頻度は限られました。

しかし1602年、オランダは東インド会社を設立。社会から幅広く小口の資金を集め、同時に保険制度なども整えてリスク分散の仕組みを作りました。これが株式会社の原型とされています。以後、継続的に莫大な資金を集めることにより、頻繁な航海や渡航先の植民地化が容易になったのです。この仕組みはとりわけイギリスにおいて浸透し、その後の植民地獲得と経済発展を支えることになります。

プロテスタントの登場

そしてもう1つ、ちょうどルネサンスのころにヨーロッパで起きた大変化が、「宗教改革」です。

発端は1515年、先述のサン＝ピエトロ大聖堂の建設資金を募るため、時のローマ教皇レオ10世が「贖宥状（ある種の免罪符）」を大量に発行したことにあります。当時ローマ帝国の後継を自称する「神聖ローマ帝国」だったドイツでは、特に多く販売されました。

これに異を唱えたのが、ドイツ北部の都市ヴィッテンベルクの大学の神学教授だったマルティン・ルターです。本来なら信仰心さえあれば神の赦しは得られるはずで、教会が代行できることではない。ましてそこに金銭の授受が発生するのはおかしい、というわけです。1517年、ルターはその主旨を「95カ条の論題」というラテン語の文書にまとめ、教会の門扉に貼り出しました。あくまでも学問的な議論をすることが目的だったと言われています。

ところがこれを何者かがドイツ語に翻訳し、印刷して大量にばら撒いたことから、「論題」の内容はドイツ全土に広がります。このときに役立ったのが、15世紀にドイツ人技術者グーテンベルクが開発した活版印刷の技術です。ちなみにこれは、羅針盤、火薬とともに「ルネサンス期の三大発明」とされています。

神聖ローマ帝国やローマ教会の堕落に不満を持っていた多くの人々は、この「論題」に賛同して一斉に批判の声を上げます。もともと帝国の基盤は脆弱でした。当時のドイツは「領邦」と呼ばれる小国が300近くも分立する状態で、帝国はその上に形式的に君臨しているだけだったのです。

したがって、ドイツ全土で盛り上がる批判を抑え込むこともできません。ルターは帝国の時の皇帝カール5世によって異端者として破門され、市民権を剥奪されますが、帝国と敵対的な有力な領邦に保護されました。その間に行ったのが、当時ラテン語が主流だった『新約聖書』のドイツ語への翻訳です。

これも活版印刷によって大量に印刷され、ドイツ人の多くが初めて聖書の内容を知ることになります。そこには当然、教会の権威についても「贖宥状」についても書いていません。これにより、ますます教会への批判や不満が高まりました。重要なのは聖書に基づく信仰心だけで、教会や聖職者の権威は不要というわけです。こう考える一派は「ルター派」と呼ばれました。

その勢力が強大になると、カトリック教会側は当然ながら弾圧を加えて抑え込もうとします。それに対し、ルター派はカール5世に「抗議書（プロテスト）」を提出。そこから、彼らはカトリック（旧教）に対抗する新教徒という意味で「プロテスタント」と呼ばれるようになりました。

またルターの「論題」を読んで感化された人物の1人が、フランスの思想家ジャン・カルヴアンです。やはり聖書の教えに立ち返るべきと主張し、教会や聖職者の権威を否定して絶大な支持を集めます。その一派は「カルヴァン派」と呼ばれました。

カルヴァンの思想を象徴するのが、「予定説」です。かつてローマ帝国時代の神学者アウグスティヌスは、人間の運命はあらかじめ神によって決められていると説きました。その概念はプラトンが『国家』で描いた「エルの物語」に由来するらしいことは、すでに述べたとおりです。

カルヴァンはこれをさらに発展させ、運命が神によって決められているなら、それを全うすることが神から祝福される唯一の道であると考えます。これを俗世に置き換えれば、懸命に働くことが信仰に直結することになる。それによって多くの富を得たとすれば、それも神の意志であると説きました。だから、幅広い労働者層に受け入れられたわけです。この思想はカルヴァンの亡命先だったスイスをはじめ、フランスでは「ユグノー」、イギリス（イングランド）では「ピューリタン」、オランダでは「ゴイセン」として広がりました。

「三十年戦争」へ

カトリックとプロテスタントの対立は、ヨーロッパ全土で激化します。和解する場面もありましたが、沈静化には至りません。また各国が海外航路の開拓を競ったのは、布教活動のため

図表8-2　宗教改革後の宗教分布

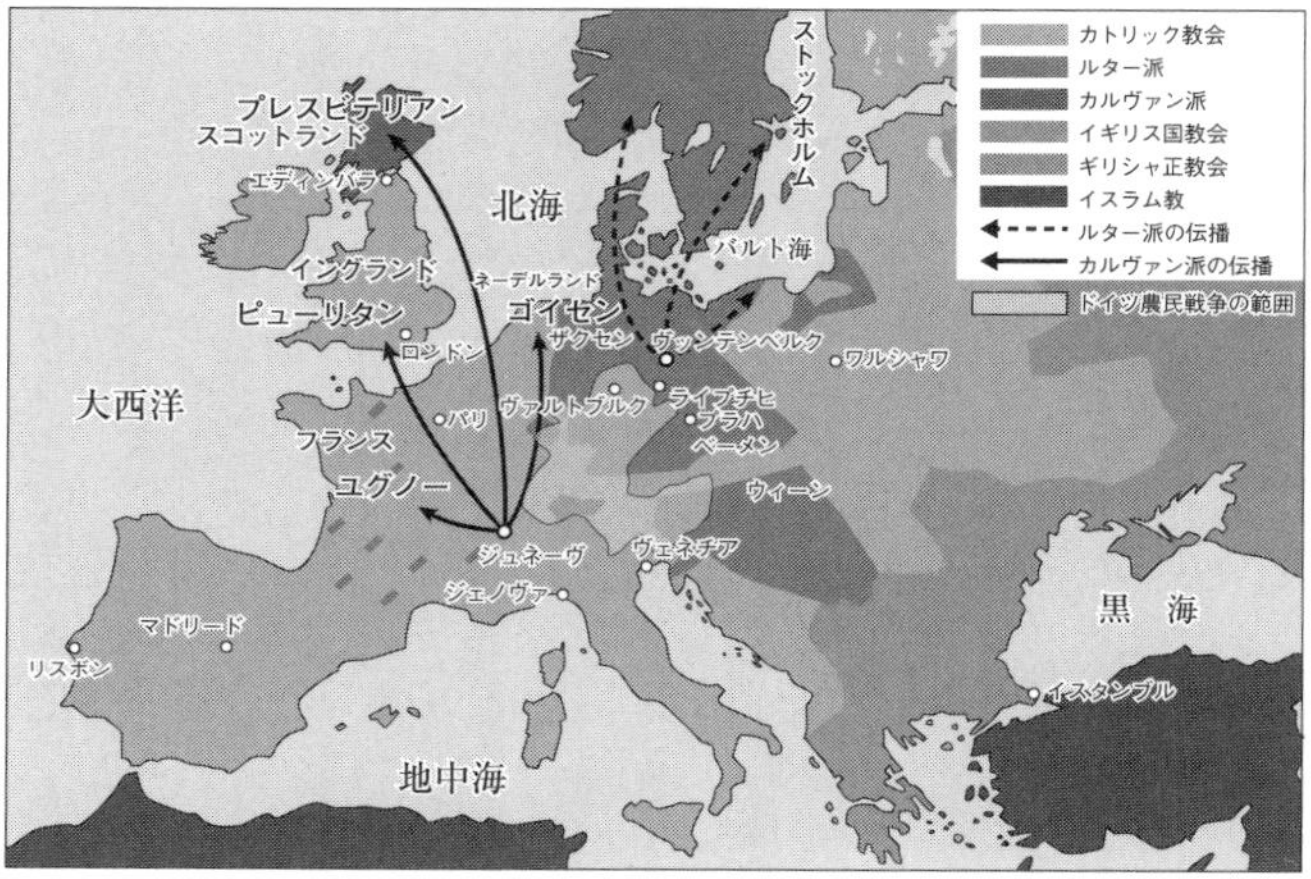

でもありました。結局、16世紀中盤から17世紀にかけての約1世紀にわたり、大小多くの戦争にまで発展することになります。

とりわけ大規模になったのが、ドイツで１６１８年から１６４８年まで続いた「三十年戦争」です。領邦がカトリックとプロテスタントに分かれて争い、そこにヨーロッパ各国が介入して国際的な戦争に発展しました。

発端は宗教対立でしたが、ここにはそれ以外に複数の思惑が働いていました。カトリックの神聖ローマ帝国としては、この機に乗じてプロテスタントの領邦を叩き、ドイツにおける権威と権力を拡大する狙いがありました。また帝国側にはスペインが、領邦側にはオランダが支援に回りますが、当時のオランダはスペイン領で、独立戦争（八十年戦争）の真っ只中でした。ドイツ内で代理戦争を展開したわけです。

あるいはデンマークも、イギリス・オランダ・フランスの支援を受けて領邦側で参戦しました。フランスはカトリックの国でしたが、帝国側ではなく領邦側に与したわけです。帝国の皇帝とスペインの国王は、ともに名門貴族ハプスブルク家出身という共通点がありました。それに対してフランスの国王はブルボン家であり、ライバル関係にあるハプスブルク家を増長させたくないという政治的な思惑のためです。

さらにスウェーデンも、フランスの支援を得てドイツ国内に進軍しました。デンマークとスウェーデンの意図は、帝国を弱体化させることで北部ヨーロッパにおける権益を守ることにありました。

やがてフランス軍、スペイン軍も、ドイツ領内に侵入して直接参戦します。また同時期、両軍はフランス北部でも激突しています。つまり戦況が進むにつれ、当初の宗教戦争の性格は薄くなり、しだいに主権国家が国益を奪い合う戦争へと変質していったわけです。

「ウェストファリア条約」で時代は中世から近代へ

結局、この戦争は宗教と国家が入り乱れて泥沼状態に陥り、勝敗が判然としないまま1644年から講和会議が始まります。開催地となったドイツ西部の地域名から、「ウェストファリア会議」と呼ばれています。

参加したのは神聖ローマ帝国、ドイツの数十カ国の領邦、それに戦争に関与したか否かにかかわらず、ほとんどのヨーロッパ各国から派遣された使節です。これが、世界で初めて開かれた複数国家による紛争解決のための国際会議でした。

議論には4年を要し、「ウェストファリア条約」の締結にこぎ着けたのは1648年のこと。内容は多岐にわたりますが、大きなポイントは2つです。1つは宗教について。プロテスタントの信仰が認められ、カトリックと共存を図ることになりました。もう1つは政治体制について。ドイツの領邦の主権が認められ、オランダはスペインから、スイスは形式上の統治国だった神聖ローマ帝国から正式に独立を果たしました。さらにフランスとスウェーデンは、それぞれドイツから領地の割譲を果たしています。

いずれにも共通するのは、神聖ローマ帝国の弱体化です。宗教的にも政治的にも皇帝の権益は大幅に制限され、帝国はほぼ解体されました。そのため、ウェストファリア条約は「帝国の死亡証明書」とも言われています。

これが意味するのは、一国の体制の崩壊だけではありません。長くヨーロッパに君臨してきた名門貴族ハプスブルク家の凋落であり、それは同時に封建社会の終焉でもあります。代わって台頭したのが統治機関としての主権国家です。徴税権を持ち、軍隊を持ち、国境を持ち、領民は国民となり、その全権を国王が握る。これが、今日につながる近代国家の先駆的な存在でした。

対外的に見れば、ウェストファリア条約によって互いの国家を尊重して不可侵とし、紛争解決の手段として国際的なルールを設定し、また力の均衡を保つような同盟関係も築かれました。これを「ウェストファリア体制」と言い、今日に続く近代的な国際法の原点となったのです。

ここまで、14世紀から17世紀にかけてヨーロッパで起きた「ルネサンス」とそれに続く「大航海時代」「宗教改革」という大きな変化を概観してきました。この3つは偶然同時代に起きたわけではなく、それぞれ少なからず関連し合っていたわけです。その発端がルネサンスによってもたらされた思想であり、技術であるとするならば、その大本であるヘレニズムがいかに多大な影響力を持っていたかがわかるでしょう。

没落したイタリアの再興を期して書かれた『君主論』

ところで、ルネサンスはともかく、その後の大航海時代と宗教改革や宗教戦争において、それまでヨーロッパの盟主として隆盛を誇っていたはずのイタリアはほとんど登場しません。小国分立の内乱状態で、それに乗じたフランス、スペイン、神聖ローマ帝国から相次いで蹂躙を受けていたためです。

その状態は1494年から1559年まで、60年以上にわたって続きます。これを「イタリア戦争」と言います。特に狙われたのが、メディチ家に支えられたフィレンツェや地中海交易によって栄えたヴェネチアの富でした。また1527年には、神聖ローマ帝国軍がローマに侵入し、徹底的な破壊と殺戮、強奪を行いました（ローマ略奪）。これにより、イタリアのルネサンスは終焉を迎えたと言われています。

こうした混乱のさなか、祖国の再生の道を模索した思想家がいます。それがニッコロ・マキャベリです。フィレンツェの出身で、もともとは同国の官僚でした。前述のとおり、フィレンツェはメディチ家が支配して栄えさせた都市です。名目上は共和国ですが、実質的には僭主政が敷かれていました。

しかしイタリア戦争初期の1494年、メディチ家はフランスの介入に屈して市民の怒りを買い、追放されます。これを機に、フィレンツェは名実ともに共和政に移行しました。マキャベリが官僚（主に外交官）として活躍するのは、このころです。

ところがその後の1512年、メディチ家はハプスブルク家とその支配下にあったスペイン軍の支援を得てフィレンツェの僭主として復活します。ちなみにこのときの当主がジョヴァンニ・デ・メディチで、翌年にローマ教皇に選出されてレオ10世となりました。彼が「贖宥状」を大量発行し、「宗教改革」のきっかけを作ったことは先に述べたとおりです。

一方、メディチ家の復権にともなってマキャベリは失職します。一時は投獄もされましたが、教皇レオ10世の即位にともなう恩赦によって釈放され、山村に移り住んで執筆活動に入りました。その際に書き上げたのが、有名な『君主論』です。

一貫して説いているのは、強い国家を作るために君主はどうあるべきか。フィレンツェに君臨するメディチ家に献上する目的で書かれました。マキャベリは本来、共和政の信奉者だったはずなので、この〝変節〟を批判する声もあったそうです。しかし小国に分立して弱体化し、他国に蹂躙されるイタリアを当事者として見てきただけに、愛国者として献策せずにはいられなかったのでしょう。ただし自分を売り込み、任官されることを狙ったとも言われています。

実際、その内容はきわめて現実的かつ具体的です。アリストテレスの『政治学』に倣ったかのように、まずは国家体制を君主政と共和政に大別します。その上で君主政に焦点を当て、古代ギリシャやローマの歴史的事実を例に挙げたりしながら、征服地の統治の仕方、人心掌握術、非情と寛容の使い分けなどについて論じます。

たとえば、「国家にとって重要な土台は、よい法律とよい武力」という言及があります。とりわけ軍隊について、当時は金銭で雇う傭兵が主流でしたが、そうではなくて国民による自国軍を設置すべきと主張します。あるいは「君主は国民から愛されるより恐れられたほうが統治しやすい」「君主は獅子のように獰猛であれ、狐のように狡猾であれ」「信義より謀略のほうが強い場合がある」等々とも述べています。

一見すると、キリスト教の教えや、あるいは「徳」や「義」を重んじたプラトンやアリストテレスの思想ともかけ離れています。目的のためにあらゆる権謀術数を尽くすという意味で、「マキャベリズム」という言葉も生まれました。

しかし究極的には国家の安定と平和を目指し、その現実的な処方箋を経験に基づいて説いているに過ぎません。その意味ではルネサンスを象徴するような、合理的・科学的な書と言えるでしょう。

同書はマキャベリの死後、1532年に刊行されますが、カトリック教会からは長く禁書として扱われていました。その評価が変わるのは、18世紀にフランスの思想家ルソーが『社会契約論』の中で「共和主義者の教科書」と取り上げてからです。以後、近代政治学の嚆矢と称されるようになりました。

歴史的著作に共通する「観照」の姿勢

この後、ヨーロッパの歴史は中世から近代へ向かいます。その経緯を、本書はリベラルアーツの一般的なカリキュラムに則り、時代を象徴するいくつかの著作とともにたどっていくことにします。

その前提として、いずれの著作にも共通するキーワードがあります。それが「観照」です。文字どおり、照らして見ることを指す言葉です。主観を交えず、事物を冷静に観察して本質を明らかにすること、と捉えればいいでしょう。

ここであらためて、プラトンに立ち返ります。その著作『饗宴』は、ソクラテスと仲間たちが宴の席で酒を飲みながら議論を繰り広げる作品です。テーマは「エロース（愛）」。最後に話し出したソクラテスは、以下のような説を展開します。

人間にはかならず欲求があります。欲求が満たされれば幸福になれます。その仲介の役割を果たすのがエロースであり、自分に欠けているものを求めるということです。では人間にとってもっとも欠けているものは何かと言えば、永続性です。神は永遠に生き続けますが、人間はかならず死にます。だから永遠に生きたい、せめて何かを残したいと願うわけです。

そこでエロースとしては、大きく2つの方向性があります。1つは肉体的な欲求を満たすこと。つまり生殖行為であり、妊娠・出産によって自分の〝分身〟を生き永らえさせることが可能になります。

もう1つは魂の欲求を満たすこと。世の中にはさまざまな「美」があります。それは表面的な美しさではなく、ものごとの真理、つまりイデアを指します。私たちは、その姿をなかなか見ることができません。しかしそれを可能にするのが、「観照」なのです。

対象に光を当て、冷静に観察し、その真の姿をあぶり出す。それによって見出した「美」を人に教えたり、記録として残したりすれば、その人の名は「美」を通じて永遠に残ります。これによって生まれる人間関係が究極のエロースであり、欲求を満たすという意味では究極の幸福を得られるわけです。

第5章で紹介したアリストテレスも、『ニコマコス倫理学』の最終章で「観照的生活」こそ究極の幸福であると述べています。徹底的なリアリストで、イデアを語るプラトンとは意見が合わないことも多かったのですが、最終的な幸福論については見事に一致しているわけです。

ここから私たちが知るべきことは2つあります。1つは知識の習得、つまり学ぶことの大切さです。「観照的生活」に浸ることは難しいかもしれませんが、アリストテレスの指摘にしたがうなら、その土台となるのは「学」「技術」「直知」「知慮」「智慧」の5つです。これなら、環境や年齢に関係なく可能でしょう。

もう1つ、この延長線上にサイエンスがあり、それが近世以降のヨーロッパの主権国家を作り、時代を動かしてきたということです。以下に紹介する著作は、その代表例と言えるでしょう。いずれも「観照」の成果であり、だからこそ時々の社会に大きな影響を及ぼしました。また著作者の人生はそれぞれですが、今日まで読み継がれて派生的に研究や学問を生み出したという意味では、永遠の生命を手に入れたわけです。

つまり、ヘレニズムが近世以降の世界の礎となった。これは、けっして大げさな見立てではないと思います。

『方法序説』――「我思う、ゆえに我あり」の真意

17世紀前半のヨーロッパは、三十年戦争さながらに、新しい科学と旧来の宗教がせめぎ合う

図表8-3　デカルト以後の社会科学の発展

（本書で取り上げたトピックを掲載）

- ●ルネ・デカルト　『方法序説』
- ●ジョン・ロック　『統治二論』
- ●トマス・ホッブズ　『リヴァイアサン』
- ●ジャン＝ジャック・ルソー　『社会契約論』
- ●アダム・スミス　『国富論』
- ●ジョン・スチュアート・ミル　『自由論』
- ●マルクス／エンゲルス　『共産党宣言』
- ●チャールズ・ダーウィン　『種の起源』

社会でした。文学の世界ではイギリスにシェイクスピア、スペインにセルバンテスが登場しましたが、複数の科学者や哲学者などが宗教界から迫害されたり処刑されたりしています。

こうした動きを象徴するのが、１６３３年にイタリアの物理学者ガリレオ・ガリレイが禁固刑に処された宗教裁判でしょう（直後に軟禁に減刑）。ガリレオはコペルニクスが提唱した地動説を天体観測によって証明しましたが、それをローマ教皇庁が「異端」として訴えたのです。結局、その著書『天文対話』は、イタリアをはじめカトリックの強い国において発禁処分となりました。それが解除されるのは、19世紀初頭のことです。

そのガリレオとほぼ同時代を生きたのが、フランスの哲学者ルネ・デカルトです。１６３７年に刊行された代表的な著作『方法序説』では、ガリレオの裁判を受けて内容を抜粋したと述べています。

同書の正式名称は『理性を正しく導き、学問において真理を探究するための方法の話』。その後に続く「屈折光学」「気象学」「幾何学」の長大な論文の思考方法をあらかじめ提示した文書なので、一般的に『方法序説』と呼ばれています。

とりわけ有名な一文といえば、「我思う、ゆえに我あり」でしょう。これは単に「思う（考える）ことが大事」という意味ではありません。もともと哲学には、「懐疑主義」という考え方がありました。一般的な認識や価値観に対し、客観性や合理性の立場から疑いの目を向けて真相を明らかにしようというわけです。科学が宗教の神秘性に疑義を呈し、または同じキリスト教でも教義をめぐって宗教戦争に発展していた当時、懐疑主義はいっそう力を持っていました。

それに対し、デカルトはすべてをゼロベースで見直すことを提案します。世の中で真理や常識と呼ばれているものを、とことん疑ってみる。その上で疑いようのないものが残るとすれば、それこそが真理ではないか、というわけです。これは真理にたどり着くための1つの方法なので、「方法的懐疑」と言います。

その結果、実は世の中のあらゆるものが疑わしい存在であることに気づきました。ただし、そうやって疑い続けている自分自身がいることだけは、疑いようのない事実です。つまり、考えている自分こそが真理ということになる。それが「我思う、ゆえに我あり」の意味です。

この姿勢は、前述の「観照」に通じるものがあります。それまで、真理は神や教会が規定するものでした。それに対し、自分を真理の探求の出発点にすればいいと説いたわけです。人間の思考を神から解放したという意味で、きわめて画期的でした。だからデカルトは「近代哲学の父」と呼ばれているのです。

これを前提として、デカルトはさらに神の存在証明に取り組みます。前章で紹介した13世紀のトマス・アクィナスは、天体の動きや死後の世界から神の存在を明示しつつ、人間の理性に基づいた学問を肯定しました。

デカルトの場合は、まず自分が「疑う」ことしかできない「不完全な存在」であると認識することから出発します。それは裏を返せば、「何が完全か」を頭の中でイメージできているということです。では、そのイメージをどうやって持つことができたのか。不完全な人間が生み出すことは不可能なので、ある完全な存在が人間に提供してくれているに違いない。それが神である、というわけです。

トマス・アクィナスよりさらに宗教から離れて合理的に説明しているように読めますが、いささか詭弁的でもあります。そのため、この部分の評価は、その後の研究者の間ではあまり高くないようです。

『リヴァイアサン』『統治二論』――国家と国民の関係を再定義

デカルトが生きた時代より少し後、海を隔てたイギリスは大混乱に陥っていました。三十年戦争を１６４８年のウェストファリア条約によって終えたヨーロッパ各国は、それぞれに主権国家の体制を固めていきます。しかしイギリスは、会議にも条約にも関わっていません。１６４２年から内戦に陥っていたからです。

時の国王チャールズ1世は専制政治を行い、議会を解散したまま放置するほどでした。またイギリス国教会はプロテスタントに近かったのですが、国王と強く結びつき、カトリック的な儀式も残していました。

これに対して議会が反発し、武力衝突に発展します。内戦は7年続き、１６４９年にチャールズ1世が処刑されることで終息。ここから共和政に移行しました。議会派の中に「ピューリタン（清教徒）」と呼ばれるカルヴァン派のプロテスタントが多かったことから、これを「ピューリタン革命」と言います。

ところが、主導者のクロムウェルが専制的な政治を行ったために安定せず、１６６０年には王政に戻ります。そのとき議会の多数はプロテスタントでしたが、即位したジェームズ2世はカトリック。国王と議会の対立が再燃しました。

議会はジェームズ2世の娘でプロテスタントだったメアリとその夫のオランダ総督ウィレムと共闘し、国王を追い出しにかかります。これを受けて国内でも反国王の動きが活発化したため、1688年にジェームズ2世は抵抗することなくフランスへ亡命しました。無血のまま大変革が行われたので、これは「名誉革命」と呼ばれています。

翌1689年、ウィレムとメアリがウィリアム3世とメアリ2世として国王に即位しました。このとき、議会は両国王に「権利の宣言」を提示して承認させ、後にそれを「権利の章典」として発布・制定しました。国民が国王への忠誠を誓う代わりに、国民を代表する議会の権利を述べたもので、議会の同意のない立法や課税の禁止、議会選挙や議会内での発言の自由などが定められています。また、カトリック教徒による王位継承も禁止されました。

これを機に、イギリスは国王の大権を制限した立憲君主制に移行します。それにより、世界帝国への道を進んでいくことになるのです。

この時期、イギリスではその後の政治思想に大きな影響を及ぼす書籍が2冊生まれています。1冊目はピューリタン革命直後の1651年に刊行された、政治思想家トマス・ホッブズによる『リヴァイアサン』です。

「リヴァイアサン」とは『旧約聖書』に登場する水中の怪物で、この世における最強の生物とされています。ホッブズは、これを絶対的な権力を持つ国家になぞらえました。ただしそれは、国民を統制・抑圧するイメージではありません。すべての人間はもともと自分の生命を守る

「自然権」を持っている。しかしそれをお互いに主張するだけでは、逆に殺し合いになるおそれがある。そこで、各自が持つ権利を絶対的な国家権力に預け、法律を制定して互いの安全を確保しようと説いたのです。

個々人の信仰と政治を切り離したこと、そして国民の同意によって国家が成立するという社会契約の概念を生み出したことが画期的でした。ただしその構造上、個人は国家に抵抗できません。その意味では、これまでのイギリスやフランスの絶対王政を支持する思想でもありました。

2冊目はその約40年後、今度は名誉革命の直後の1690年に政治学者ジョン・ロックによって書かれた『統治二論』です。文字どおり2つの論で構成され、前半は「王権神授説（王権は神から与えられる不可侵のものとする思想）」の否定、そして後半はホッブズの絶対王政的な思想を否定します。

人間の「自然権」を認めるところは、ホッブズと同じです。ロックはそれに加え、自由権や所有権も万人が持つものと主張します。その上で、これらの権利を守るために国家と契約を結ぶ点も共通します。ただし、その国家はけっして絶対的な存在ではなく、主権は国民が持ち、もし国民の意思に反することがあれば抵抗して打倒することができると説きます。

これは言うまでもなく、前々年の「名誉革命」を支持するものでした。言い換えるなら、あくまでも議会派の権利を主張したまでです。しかし抵抗の概念は、後のアメリカ独立宣言やフランス革命にも力を与えることになるのです。

『社会契約論』――フランス革命の理論的支柱に

18世紀のヨーロッパは、相変わらず各国が権益をめぐって争う時代でした。大規模な戦闘としては、「スペイン継承戦争（1701～14年）」「オーストリア継承戦争（1740～48年）」「七年戦争（1756～1763年）」があります。いずれの戦争も、主要なプレーヤーはイギリスとフランス。両国の争いは、北米大陸やインドの植民地でも繰り広げられます。

その結果、世界の覇権を握ったのはイギリスでした。それによって大々的に行えるようになったのが、三角貿易です。本国からアフリカ西海岸へ武器を輸出し、アフリカ西海岸から奴隷を積んで西インド諸島や北米大陸の植民地に渡り、砂糖や綿花と交換して持ち帰るのが典型的なパターンでした。ここで得た莫大な富が、18世紀中盤から始まる産業革命の原資となったのです。

一方、植民地を次々とイギリスに奪われたフランスは、折からの巨額の戦費によって財政が破綻状態に陥ります。国民生活は困窮し、必然的に時のブルボン朝は批判と憎悪の的となりました。

同じころ、ヨーロッパの各都市部では植民地からもたらされる紅茶やコーヒー、チョコレートといった嗜好品が流通し、カフェ文化が生まれます。パリも例外ではなく、さまざまな分野の教養人や芸術家、思想家などがカフェに集って自由な討論を行うようになりました。このあたりは、プラトンやアリストテレスが描いた「観照的生活」に近いかもしれません。

その場で育まれたのが、いわゆる「啓蒙思想」です。先のルネサンスによって、それまで絶対的な価値を持っていたキリスト教の世界観が大きく揺らいだことはすでに述べたとおり。ヘレニズムからもたらされた知識や科学の導入により、新しい思想家や技術者も多数登場しました。

特にホッブズやロックの説いた「自然権」が、人々の自意識を目覚めさせたことは間違いないでしょう。その知見を広く一般に知らしめ、社会や自然について合理的な判断ができるように仕向けようというのが「啓蒙」の意味です。

またその環境の中から、新たに歴史に名を残す思想家も誕生しました。その1人がジャン＝ジャック・ルソーです。

1762年に刊行された代表的な著書『社会契約論』は、やはり「自然権」を出発点として社会契約の重要性を説いています。しかしそれは、「人間は放置すればお互いに殺し合う」と考えるホッブズとも、「富を求めて競争する」と考えるロックとも違います。そもそも人間は自己愛もあるが利他的であり、原始時代のような自然環境の中であれば共存共栄できたと考えるのです。

ところが社会が発展し、物質が豊かになって経済活動が活発になると、そこに貧富の差が生じて競い合い、奪い合うようになった。つまり、糾すべきは人間ではなく社会であると訴えるわけです。

具体的には、個人の私利私欲を「特殊意志」と定義した上で、対照的な存在として「一般意志」という概念を生み出します。人間が本来持っている利他的な理性や公共心の総意と考えればいいでしょう。それを実現するのが国家の役割であり、したがって全員参加による直接民主主義を理想とします。

そのためには、全員が身体と財産を国家に預ける必要があると説きます。一見すると国家に隷従させられるようですが、全員が国政に参加しているので、それは結局自分が自分に預けるようなもの、というわけです。それによって自由で平等な社会が実現するというのが、ルソーの描く国家像でした。

同書は絶対王政下のフランスでは危険と見なされ、発禁処分となりました。ルソー自身は逃亡生活などを送りつつ、1778年にこの世を去ります。

フランス革命が起きたのは、その11年後の1789年でした。ブルボン朝のルイ16世は処刑され、フランスに初めて共和政の政権が誕生します。同年に制定された「人権宣言」には、まさに自由・平等の精神が盛り込まれました。主導者たちは、『社会契約論』に啓蒙されていたわけです。

『国富論』――「見えざる手」の正体は「利己心」と「共感」

三角貿易と産業革命で圧倒的な経済発展を続けるイギリスは、「重商主義」の道を邁進します。金銀をもっとも価値のあるものとして、それを貯め込むことが国家の豊かさの象徴であると捉えていたのです。

そのためには、できるだけ多く輸出して外貨を稼ぐ一方、輸入を極力小さくして金銀の流出を抑えるのが一番。イギリスはその方針の下、保護貿易を政策の柱に据えていました。たとえば東インド会社を特許会社とし、アジア地域との交易を独占させたのもその一環です。

その政策に異を唱えたのが、スコットランド出身の経済学者アダム・スミスの『国富論』（1776年）です。そもそも国が富むとは、金銀の量ではなく国民の豊かさであると説きます。つまりは、国民が自由に消費財を買えるということです。

そのためには、輸出はもちろんですが、輸入も積極的に行ったほうがいい。ならば交易は一部の企業に独占させるのではなく、輸入制限を撤廃して自由に競争させるべきだと考えたのです。ただし、急速に輸入が増えると国内産業が打撃を受けます。この改革には時間をかけるべきだとも述べています。

その延長線上で、植民地政策についても言及しました。北米大陸もインドもイギリスにとって富の源泉でしたが、植民地として維持するには防衛費をはじめ多額のコストがかかります。そこで、特に北米大陸については独立国家とし、同盟を結んだほうがいいと提案しています。

そしてもう1点、『国富論』と言えば「見えざる手」という表現が有名ですが、これは自由放任や市場万能主義を説いたものではありません。アダム・スミスが着目したのは、労働における分業システムです。人はさまざまな職業に就き、社会や会社においてそれぞれの役割を果たしています。これが分業です。

そのとき、人はかならずしも社会全体や会社全体のことを考えて働いているわけではないでしょう。それよりも対価を得るため、自分や家族の生活を成り立たせるため、という意識が強いと思います。つまり、多くの労働者はある意味で利己的なわけです。

しかし利益を最大化しようと思えば、他者から共感を得たり、需要に応えたりすることが欠かせません。個々人が利己心に従ってそういう努力や工夫を重ねれば、市場で競争環境が生まれ、結果として社会全体の生産性も向上して豊かになる。これが「見えざる手」ということです。

またそれを実現するため、国家の役割は大きく3つに絞るべきとしています。国防、司法、公共事業です。少し前の絶対王政から見れば隔世の感がありますが、これも自由放任を意図したものではありません。それより、国家と結びついた一部企業による市場の独占を排除することに主眼がありました。

いずれにせよ、『国富論』は経済学を初めて体系的に論じた本でした。自由主義経済と近代国家のあり方を網羅的に提示したことから、アダム・スミスは「近代経済学の父」もしくは「古典派経済学の父」と呼ばれています。

なお、1775年からイギリスとの間で独立戦争を繰り広げていたアメリカは、同書が刊行された約4カ月後、「独立宣言」を採択しました。ただし両国の戦闘はなおも続き、さらにフランス、スペイン、オランダなども参戦して大規模化します。結局、イギリスがアメリカの独立を正式に認めたのは、1783年でした。

『自由論』――「反論の自由」と「個性」が社会発展の条件

19世紀は、「パクス・ブリタニカ（イギリスによる平和）」と呼ばれることがあります。いち早く産業革命を成し遂げて生産性を飛躍的に向上させたイギリスは、その工業力と海軍力でヨーロッパ各国を圧倒したため、ある種の均衡が保たれて平和が訪れたわけです。

また工業化の進展は、保護貿易から自由貿易への転換を促しました。世界各地から大量の原材料を仕入れることにより、それを加工して輸出品に変えることで富を得ることができたからです。こうして世界中の物資と富が集まり、それをまた世界に拡散したため、当時のイギリスは「世界の工場」とも呼ばれました。

その環境は、イギリス社会にも大きな変化をもたらしました。富裕層が増えるとともに、中間層が爆発的に増大したことです。それは、国家における国民の発言力が高まったこと、つまり個人の権利や自由の概念が広がったことも意味します。

そんな時代を象徴するように１８５９年に刊行されたのが、イギリスの哲学者ジョン・スチュアート・ミルの著書『自由論』です。ミルは「功利主義」の信奉者でした。これは単純に「自分の利益を追求すればいい」という話ではありません。社会の規範や道徳は、国家が国民に押しつけるのではなく、「最大多数の最大幸福」を前提に考えようというものです。

それには、いくつかの条件があります。まず個々人に「幸福」を追求する自由があること、また他者の「幸福」の追求を阻害しないこと、そしてすべての人が公平・平等に扱われること、などです。ではそんな社会を実現するために、国家や人々はどうあるべきか。ミルは、それを『自由論』で説いたのです。

まず国家の役割は、個人の幸福の追求を下支えすること。具体的には言論や行動の自由を保障することであり、ただしそれが他者に危害を加えるものである場合にかぎり、厳しく取り締まること。それだけでいいというのが、ミルの主張です。

この考えの根底にあるのが、人間の良心と他者への共感です。より高い次元の「幸福」を求めようとすれば、人はおのずと他者の「幸福」にも貢献することになる。それによって、結果的に「最大多数の最大幸福」が実現できるというわけです。このあたりの発想は、前出の『国富論』と非常に似ています。

ただしミルは、人間の良心に全幅の信頼を置いていたわけではありません。国家権力の濫用と同様、警戒すべきは「多数者の専制」であるとも述べています。いわゆる数の論理で少数者を抑圧する姿勢であり、それは他者への危害に変わりかねません。「衆愚政治」は、この典型でしょう。かつてアリストテレスが『政治学』で民主制の危険性を説いたことと、同じ理屈です。

その裏返しのように、同書がしきりに強調するのは「反論の自由」と「個性」を守ることです。多数者の意見がかならずしも正しいとは限りません。むしろ多数であるがゆえに、中身がよく吟味されなかったり、暴走したりすることもあります。だから多様な意見を交えて議論を重ねることが重要で、それによって結論が覆ったり、より洗練されたりすれば「最大多数の最大幸福」につながる、というわけです。

その意味で、個々人はできるだけ個性的なほうが望ましい。低賃金の労働者や女性の立場も尊重されなければならない。そういう人々の意見を許容するほど、その社会は発展すると述べています。だから個人の観点でも社会の観点でも、「自由」が大事と説くわけです。

ちなみに、19世紀後半にはアメリカとドイツが工業化によって台頭し、イギリスは「世界の工場」の地位から凋落します。その代わり、今度は金融資本を武器に「世界の金融センター」としての地位を固めていくことになります。

『共産党宣言』――資本主義の限界を看破

19世紀前半のヨーロッパは、政治的には18世紀の反動が起きていました。それを象徴するのが、1814～15年に開かれた「ウィーン会議」です。

フランス革命後、ヨーロッパ各国はナポレオンの侵攻によって封建体制や絶対王政の存続の危機に直面します。しかし1813年にナポレオンが失脚すると、翌年から各国がウィーンに集い、旧体制の復活を期して同盟関係を結ぶわけです。ここで合意された体制を、「ウィーン体制」と言います。

ところが1848年、フランスでパリ市民が蜂起した「二月革命」を皮切りに、ドイツ、オーストリア、イタリア等と相次いで反体制運動が発生。これによって旧来の政権は倒され、「ウィーン体制」も崩壊しました。

このときの諸国民の不満は、政治体制だけに向けられたわけではありません。工業化と資本主義が社会に浸透したことで、資本家が台頭するとともに、就労人口の多くは農業から鉱工業へ移りました。人口は都市部に集中し、中には劣悪な環境で低賃金の長時間労働に従事する労働者も少なくありませんでした。つまり、資本家層（ブルジョワジー）と労働者層（プロレタリアート）の間に大きな格差が生まれていたわけです。そこに不満の温床がありました。

では、どうすれば格差は解消されるのか。その答えの1つとして考えられたのが、共産主義の思想です。要するに、資本家層が独占している資本を全員で共有・分配すれば公平な社会が実現するということで、古くはプラトンの『国家』にその原型が記されていました。

その思想を理論的に体系づけたのが、ドイツの思想家カール・マルクスとフリードリヒ・エンゲルスです。1847年、ロンドンで「共産主義者同盟」という秘密結社が発足し、その綱領の起草を2人に依頼。翌48年2月、ちょうどフランスの「二月革命」と同時期に刊行されたのが『共産党宣言』でした（ただし当初は無記名）。

全4章で構成されていますが、その第1章は「社会のすべての歴史は、階級闘争の歴史である」という有名な一文で始まります。たしかに、かつて古代ギリシャや古代ローマの時代には自由民と奴隷、その後の封建制の時代には領主と農奴といった階級差がありました。そして産業革命以降のヨーロッパにおいては、資本や産業設備を持つ資本家層と持たない労働者層という階級差が存在します。

資本家層は、当然ながら利益の極大化を狙います。それには、より多くの労働者をできるだけ安価で雇って生産を増やせばいい。そこで得た利益でさらに労働者を雇うという循環により、利益は雪だるま式に大きくなります。一方、労働者は自分の労働力を売るしかないので、格差は拡大する一方になるわけです。

この循環を断ち切るには、資本主義の構造そのものを壊してしまえばいい。現状では労働者の賃金は増えませんが、数は増えます。そこで労働者が団結して革命を起こせば、資本家を倒して資本を全員の共有財産にできる。つまり階級闘争そのものを終わらせることができる。だから同書の末尾は、「万国の労働者よ、団結せよ」というメッセージで締めくくられているのです。

この書が、当時のヨーロッパ各国で起きていた反体制運動に力を与えたことは間違いありません。しかしいずれも軍隊によって鎮圧され、終息します。それでも共産主義思想は存続し、1917年の「ロシア革命」とその後のソビエト連邦の誕生によって現実化することになります。

『種の起源』——なぜリベラルアーツ・カリキュラムの最後に学ぶのか

コロンビア大学のリベラルアーツのカリキュラムにおいて、最後に読むのはイギリスの地質学者チャールズ・ダーウィンが1859年に著した『種の起源』です。同書が「進化論」について述べた大著であることは有名でしょう。

ここまで政治や経済、哲学、宗教など社会に関連する書籍が中心だったので、いきなり自然科学の生物学が登場することは奇異に映るかもしれません。しかし、これには理由があります。『共産党宣言』が述べたとおり、人類の歴史は階級闘争の歴史でした。それは生物学的に見れば、生存競争であり、自然淘汰であり、必要な変異の繰り返しだったわけです。むしろ人間も生物の種である以上、これらは宿命だったとも言えます。

では、進化論の観点から人間を見た場合、ここまで学んできたリベラルアーツをどう解釈すればいいのか。それを最後の課題として提示しているのです。

リベラルアーツは、古代ギリシャに端を発するヘレニズムに基づいています。太古から続く大小さまざまな「争い」を繰り返しながら、人間はプラトンの説く「理性」とアリストテレスの説く「習慣」に気づき、「哲学」「宗教」「芸術」「サイエンス」を次々と発明してきました。それが人間性を高め、社会を発展させたわけです。

そこで1つの疑問が浮かびます。「理性」にしろ「習慣」にしろ、あるいはその後の「哲学」等にしろ、人間はどうしてこれらの能力を獲得できたのか。神から選ばれた〝優等生物〟だったからか。ダーウィンは、それを全面的に否定するのです。

『旧約聖書』の「創世記」によれば、神は7日で世界を創造したことになっています。1日目に天と地を、2日目に空を、3日目に大地と海と植物を、4日目に太陽と月と星を、5日目に魚と鳥を、そして6日目に獣と家畜を作り、神に似たヒトを作りました。7日目は休みです。

ダーウィンはこれを、7日ではなく無限の時間の流れの中で行われた生存競争と自然選択の描写であると説明します。生物は、同じ種であっても変異によって無数の個体差があります。その変異の一部は親から子へ遺伝しますが、それが環境に適合する場合としない場合があります。結局、前者だけが生存・繁殖し、後者は淘汰される。地球上の生物は、それを繰り返して今日に至っているというわけです。

たとえば、同書には以下のような記述があります。

「私の想像では、カッコウのひなが義理のきょうだいを巣からおしのけるのも、アリが奴隷をつくるのも、ヒメバチ科の幼虫が生きた毛虫の体内でその体を食うのも、これらをすべて個々に付与された、あるいは本能であるとみなすのではなくて、あらゆる生物を増殖させ、変異させ、強者を生かし弱者を死なしめてその進歩にみちびく一般法則の小さな結果であるとみなすほうが、はるかに満足できるものである」(『種の起原』八杉龍一訳、岩波文庫)

だとすれば、人間も無数の生存競争と自然選択の末に今日に至っているに過ぎません。ポイントは「自ら正しい選択をしてきた」ということではなく、「多様な選択をする種の中から、たまたま時々の環境に適合する種が残り、人間に進化した」ということです。

これを有史以降の人類の歴史になぞらえるなら、まさに戦争や階級闘争という生存競争の繰り返しでした。おそらく無数の人々がそれを教訓として、適合するための道を模索し、よりよく生きるための知恵を記録してきました。それが「哲学」「宗教」「芸術」「サイエンス」などでしょう。

これらも多くは淘汰されましたが、中には時々の社会に適合し、どうやら真理を突いているらしいとして後世に残されたものがある。それが、ここまで述べてきたリベラルアーツです。だからこそ「人類の叡智の結晶」と呼ばれるわけです。

プラトンやアリストテレスをはじめ、それぞれの書き手・作り手が大賢人であることは間違いありません。しかしその背景には、淘汰された無数の書き手・作り手がいたはずです。その多様性の中より選択されたからこそ、リベラルアーツには価値がある。また未来のリベラルアーツに向けて、社会における多様性の確保が欠かせない。『種の起源』から、そういうメッセージを受け取ることも可能ではないでしょうか。

終章

“超大国”アメリカで
磨かれたリベラルアーツ

世界の中心に躍り出る覚悟としてのリベラルアーツ

1914年に始まった第1次世界大戦は、神聖ローマ帝国崩壊後のドイツ、オーストリア＝ハンガリー帝国や、オスマン帝国、ブルガリアという古参の秩序を保った国家と、大航海時代を経て大きく台頭したイギリス・フランスを中心とする西ヨーロッパ諸国との対立の図式でした。

形勢が大きく傾いたのは1917年。アメリカの参戦により、西ヨーロッパ諸国側が勝利を収めました。これを契機として、世界秩序は西ヨーロッパ諸国主導、さらにアメリカ主導へと大きく塗り替えられていきます。それにともない、長く世界の中心だった地中海は、その地位をアメリカ両岸に位置する太平洋・大西洋に譲りました。

実は同年、アメリカではもう1つ、まったく地味ながら大きな変化が起きていました。大学におけるアメリカ式リベラルアーツ教育の開発です。

それは、第1次世界大戦と無縁ではありません。参戦に際し、アメリカ陸軍がコロンビア大学に対して陸軍士官への教育プログラムの開発を要請したのです。建国以来、アメリカはヨーロッパと一定の距離を置き、孤立主義を貫いてきました。しかし大戦への参戦は、その方針を撤回し、世界政治の中心に躍り出ることを意味します。だとすれば、アメリカとして依って立つべき理念や哲学を確立し、世界に向けてその真価を証明していく必要がある。そのための教育が急務だったわけです。

その結果、誕生したのが〝war issues（戦時問題／筆者意訳・以下同）〟と銘打たれた教育プログラムです。また1919年には、戦争終結を受けて〝peace issues（平和問題）〟というプログラムも登場。これは後に、〝Contemporary Civilization（現代文明論）〟という授業に統合されました。

さらに翌1920年には、いっさいの注釈書を用いず、古典の英訳原文を読ませるスタイルの授業も発足しました。もちろん、単に古典として読み解くだけではありません。学生は週に1冊のペースで古典を読み、指導教授と面談を行うまでがワンセットです。ただし、もともと少人数だったコロンビア大学の学生の中でも、選りすぐりのエリートしか受講できなかったそうです。これは後に、〝Literature Humanities（文学人類論）〟という授業に発展します。この2つの授業を出発点として、「アメリカ式リベラルアーツ」と呼ばれる教育システムが構築されていったわけです。

学長ディーン・ホークスの功績

これらのリベラルアーツのカリキュラムには、〝生みの親〟と呼ぶべき人物が存在します。

当時のコロンビア大学の学長ハーバート・E・ホークス、通称ディーン・ホークスです。「ディーン（dean）」とは「学部長」を指します。コロンビア大学は、学部教育のカレッジや、ビジネススクールやメディカルスクール、ロースクールやグローバルポリシーといった専門職大学院など、複数の独立した組織からなる総合大学であり、それぞれのトップが「ディーン」と呼ばれました。ホークスはカレッジのディーンでしたが、日本的な感覚で言えば「学長」に近いでしょう。

もともとは数学教師でしたが、一般教養の教育（general education）に熱心で、１９１８年の着任から１９４３年の逝去によって退任するまでの25年間にわたり、ひたすらコア・カリキュラムの発展に尽くしました。しかしその方針は、かならずしも当初から歓迎されたわけではなかったはずです。

大学には、12世紀ごろにイタリアで教員組合として発足して以来、ガバナンスを教員主導で行う伝統があります。また当の教員は、幅広い教養より自身の専門分野に関心を向けがちです。あるいは古典や歴史を繙くより、現代時事や職業的有用性に沿った教育を期待する声も学内外にありました。したがって、一般教養など軽視する声が多数を占めていたことは容易に想像できます。

それでもホークスは普及に情熱を傾け、いつしか軽視どころか「リベラルアーツ」として大学のコア・カリキュラムにまで昇華させたのです。また同様の教育は、他の各大学にも波及しました。その功績から、「全米を代表するディーン」という意味でディーン・ホークスと呼ばれるようになったのです。

リベラルアーツ誕生から100年

それからおよそ100年が経過した今、コロンビア大学のリベラルアーツ教育は、全米でも最高峰とされています。もちろん時代とともに少しずつ修正や変更が加えられてきましたが、前出の"Contemporary Civilization"と"Literature Humanities"の2つがコア・カリキュラムであることは変わりません。これらは、すべての学生にとって必修科目となっています。加えて、"Art Humanities(美術人類学)""Music Humanities(音楽人類学)""Frontiers of Science(先端サイエンス論)""University Writing(エッセイ指導コース)"の4つもコア・カリキュラムに含まれます。つまり、「哲学」とともに「美術」「音楽」「サイエンス」「文章の書き方」を同時に学ぶわけです。

もちろん、いずれも単に知識を修得することが目的ではありません。まずその成り立ちや仕組み、生まれた背景、社会との関わりや人類に与えた影響まで含めて考察すること。またそれによって、私たちが生きる上で何が「善」や「徳」なのか、という価値基準の土台を作ることが大事なのです。

あるいは、〝準コア〟とも言うべき必修の科目群もあります。“Science Requirement（サイエンス分野の必修科目）”“Global Core Requirement（国際論分野の必修科目）”“Foreign Language Requirement（外国語分野の必修科目）”“Physical Education Requirement（体育分野の必修科目）”の4分野で構成され、それぞれに膨大な科目があるわけです。

時代に合わせて変容しています。今回の執筆にあたり最新のカリキュラムを調べました。“Global Core Requirement”という科目群は、私が学んでいた1980年代後半の当時は必修ではありません。ちょうどアメリカは対外的には日本に対して貿易不均衡の解消を迫り、また国内では敵対的M&Aで巨万の富を手にした者が跋扈するような時代でした。あるいはイスラム世界との長い対立が始まったのも、これより少し後からでした。

それはまるで、本書で紹介した『戦史』に描かれた落日のアテナイを思わせるような、衆愚の光景だったと記憶しています。だからこそ、時代を冷静に見つめる上でも、こういう授業には価値があると感じたわけです。

ちなみにコロンビア大学のホームページ（https://www.columbia.edu/）には、“Global Core Requirement”の説明が以下のように記されています。

「この科目は、さまざまな民族や伝統文化に触れることを学生に求める。アフリカ、アジア、北米先住民、南米、中近東、こうした色とりどりの文化と歴史を学ぶこと。

この科目は2つのタイプに分類される。1つは、米国やヨーロッパも含め、特定の地域の歴史的背景と文明文化の成り立ちを深く知ること。もう1つは、主題や分析手法を定めて、文化比較の観点から他文化を幅広く知ること。必修要件を満たすには、これら2つのタイプから2つの科目を選択し履修すること」（筆者要約）

おそらくは世界におけるアメリカの振る舞いと、世界がアメリカに向ける冷めた視線に鑑みて、必修分野に加えたのでしょう。同大学のOBとして、素直に誇らしく思います。

「アテナイの学堂」を眺めて

繰り返しますが、本書で紹介したのは、コロンビア大学のリベラルアーツ教育のほんの一部だけです。同大学の学生が卒業証書を得るためには、「哲学」をはじめ「宗教」「芸術」「サイエンス」にまつわるもっと膨大な文献を読み込む必要があります。

それでも、リベラルアーツのエッセンスぐらいは伝えられたのではないかと自負しています。そこでぜひ思い出していただきたいのが、第4章で紹介した16世紀初頭にラファエロによって描かれた「アテナイの学堂」です。本書によって見方が変わったとすれば、それこそ大きな成果だと思います。なぜなら、あの巨大な壁画そのものがリベラルアーツを象徴しているからです。

リベラルアーツは、なかなか一言では表現できません。人類が長い時間をかけて作り上げてきたいくつもの知の結晶を、その成り立ちや仕組みまで理解することだからです。したがって歴史も扱うし、宗教や芸術やサイエンスも含まれます。それほど多様で複雑なわけですが、それを一枚で表現したのが「アテナイの学堂」なのです。

先に述べたとおり、そこにはわかっているだけで21人のさまざまな分野の専門家が描かれています。数学者や幾何学者、自然科学者、画家、政治家、医者、軍人、歴史家、詩人などです。その一人一人の専門分野について学ぶことが、リベラルアーツなのではありません。構図も含めた全体像、世界観が、16世紀初頭時点におけるリベラルアーツなのです。中心に位置するのがプラトンとアリストテレスであることが、それを雄弁に物語っています。

そんな思いで「アテナイの学堂」を眺めることができたとしたら、ひとまずリベラルアーツの入口には立てたと言えるかもしれません。

私はこれまで、学生としても社会人としてもさまざまな分野のことを学んできました。その中でもとりわけ魅了され、なおかつ自身の血肉となったと実感しているのがコロンビア大学で学んだリベラルアーツです。その面白さの一端でも伝えることができたら、著者として望外の喜びです。

なお本書を執筆したのは、勤めている大学のサバティカルの期間でした。研究目的として挙げたのは、「国際ビジネスの基礎教養」。一見すると、リベラルアーツとは無関係に思われるかもしれません。

しかしプラトン曰く、「悪しき魂は争いを呼ぶが、善き魂は友愛を呼ぶ」。またアリストテレス曰く、「人間の魂を善くすることが、教育や政治の本来の目的である」。つまり、「善き魂」こそがすべての基礎であるというわけです。熾烈な国際政治や国際ビジネスの場面、あるいは昨今で言えばコロナ禍のような危機の場面には、いっそう個々人の「善き魂」の真価が問われるのではないでしょうか。

あとがき

本場のリベラルアーツを日本に伝えてみたい。長らくそう思ってはいましたが、執筆に至るまでのハードルはきわめて高いものでした。

なんといってもその分量です。本書で紹介したのは大学のシラバスに掲載されているリーディングリストの一部です。あとがきとして、参考までにここに紹介しましょう。２０１９年秋～20年春期のシラバスに掲載されているものを抜粋しました。

Core #1—Literature Humanities（文学人類論）

ホメロス、ヘロドトス、ダンテなどを中心とする西洋文学や哲学作品

- Homer, *Iliad*（Chicago, trs. Lattimore）
- Sappho, *If Not, Winter: Fragments of Sappho*（Vintage, trs. Carson）
- Homer, *Odyssey*（Norton, trs. Emily Wilson）
- *New Oxford Annotated Bible with Apocrypha*
- Herodotus, *The Histories*（Oxford, trs. Waterfield）
- Aeschylus, *Oresteia*（Aeschylus II, Chicago, trs. Lattimore）

・Sophocles, *Antigone* (Sophocles I, Chicago, trs. Lattimore)
・CONTEMPORARY CORE: Parks, *Father Comes Home from the Wars* (Theater Communications Group)
・Plato, *Symposium* (Hackett, trs. Nehamas, Woodruff)
・Virgil, *Aeneid* (Bantam, trs. Mandelbaum)
・Ovid, *Metamorphoses* (Penguin, trs. Raeburn)
・Augustine, *Confessions* (Modern Library, trs. Ruden)
・Dante, *Inferno* (Bantam, trs. Mandelbaum)
・Montaigne, *Essays* (Penguin, trs. Cohen)
・Shakespeare, *Macbeth* (Oxford)
・Cervantes, *Don Quixote* (Harper Collins, trs. Grossman)
・Milton, *Paradise Lost* (Modern Library)
・Austen, *Pride and Prejudice* (Oxford)
・Dostoevsky, *Crime and Punishment* (Vintage, trs. Volokhonsky, Pevear)
・Woolf, *To the Lighthouse* (Harcourt)
・Morrison, *Song of Solomon* (Vintage)

Core #2—Contemporary Civilization（現代文明論）

プラトン、アリストテレス、アウグスティヌス、デカルトら、ギリシャ哲学から宗教、科学思想まで

- ・Plato, *Republic*（Hackett）
- ・Aristotle, *Nicomachean Ethics*（Oxford, trs. Ross, Brown）
- ・Aristotle, *Politics*（Hackett）
- ・*New Oxford Annotated Bible with Apocrypha*
- ・Augustine, *City of God*（Penguin）
- ・*The Qur'an*, Abdel Haleem, ed.（Oxford）
- ・Machiavelli, *The Prince*（Hackett）OR
- ・Machiavelli, *The Discourses*（Penguin）
- ・Descartes, *Discourse on Method*（Richer Resources Publications）OR
  Descartes, *Meditations on First Philosophy*（Broadview Press）
- ・Hobbes, *Leviathan*（Oxford）
- ・Locke, *Political Writings*, Wootton, ed.（Hackett）
- ・Rousseau, *The Basic Political Writings*（Hackett）
- ・Kant, *Groundwork of the Metaphysics of Morals*（Cambridge）

- Smith, *Wealth of Nations* (Modern Library)
- Burke, *Reflections on the Revolution in France* (Oxford)
- Wollstonecraft, *A Vindication of the Rights of Woman* (Oxford)
- Tocqueville, *Democracy in America* (Penguin)
- Mill, *On Liberty, Utilitarianism, and Other Essays* (Oxford)
- *The Marx-Engels Reader* (Norton)
- Darwin, *Norton Critical Edition* (Norton)
- Nietzsche, *On the Genealogy of Morals / Ecce Homo* (Vintage)
- Du Bois, *The Souls of Black Folk* (Norton)
- Arendt, *The Origins of Totalitarianism* (Harvest)
- Schmitt, *The Concept of the Political* (Chicago)
- Fanon, *The Wretched of the Earth* (Grove)
- Foucault, *Discipline and Punish* (Vintage)
- Patricia J. Williams, *Seeing a Color-Blind Future* (Farrar, Strauss, and Giroux)

Core #3―Art Humanities（美術人類学）

パルテノン神殿からピカソらまでの芸術作品

・the Parthenon
・Amiens Cathedral
・Raphael
・Michelangelo
・Bruegel
・Bernini
・Rembrandt
・Goya
・Monet
・Picasso
・Wright
・Le Corbusier
・Pollock
・Warhol

西洋美術を学んだ上で、アドバンスクラスとして他文明の芸術についても学べるようになっています。

・Asian Art Humanities: Art in China, Japan, and Korea
・Masterpieces of Indian art and architecture
・Masterpieces of Islamic art and architecture

Core #4—Music Humanities（**音楽人類学**）

グレゴリオ聖歌から、ヴィヴァルディ、バッハ、ハイドン、モーツァルト、ベートーヴェン、メンデルスゾーン、ワグナー、ヴェルディら、古代ギリシャから中世西洋、ルネサンス、バロック、古典派、ロマン派、近代音楽まで

the Middle Ages to the present, examining the choices and assumptions of composers, their patrons, audiences, and performers, and exploring what we can and can't know about how music of the past may have sounded.

Core #5—Frontiers of Science（**先端サイエンス論**）

mind and brain（脳科学）、astrophysics（天体物理学）、biodiversity（生物多様性学）、Earth science（地球科学）の4領域を学ぶ。科学者がどのように問題と対峙し解答を見出すかを体験する

The topics covered as part of the four units of the course – mind and brain, astrophysics, biodiversity, and Earth science – have been chosen to ignite the students' interest in science. As we explore the frontiers of these four scientific fields, we consider the nature of reality through the lenses of neuroscience and physics, and the processes that underlie the development of life on our planet through the lenses of biodiversity and Earth science. All four units provide opportunities to consider the role science plays in society and to put the question of who we are as humans, individually and collectively, into a scientific context.

臨場感を持っていただけるかと、あえて原文を掲載しました。コアに含まれる“University Writing（エッセイ指導コース）”と準コアの“Science Requirement（サイエンス分野の必修科目）”“Global Core Requirement（国際論分野の必修科目）”“Foreign Language Requirement（外国語分野の必修科目）”“Physical Education Requirement（体育分野の必修科目）”の4分野は割愛しましたが、趣旨は十分に伝わるのではないでしょうか。

ひとくちに〝リベラルアーツ〟と言っても、これらすべてを包括する概念です。伝えようとしても、伝える方法を考えると途方に暮れます。

実務畑から転身して、現在は大学の教員をしていますが、もともとの国際ビジネス領域での授業を担当する傍ら、コロンビア大学での経験を若い人たちに伝えようとビジネス学の基礎教養として〝リベラルアーツ〟を幾年にもわたり教えてきました。輪読形式のゼミとして比較的少数の学生と一緒に主要図書を読み解いていくというスタイルです。それが精一杯でした。

折しも勤めている大学のサバティカルでまとまった時間をこれに費やせる機会を得ました。出版に至るまでの道のりは平坦ではありませんでしたが、私の拙い粗原稿や講義記録をもって読み物としても素晴らしい完成度の作品に仕上げていただいたライターの島田栄昭氏の力量と多大な尽力なくしては、本書が世に出ることはあり得ませんでした。編集者として企画、制作面のすべてにご助力いただいたのは、東洋経済新報社出版局編集第1部長の岡田光司氏です。まさに〝チーム〟として仕上げた作品であります。

秘密のヴェールのようなものに包まれていた〝リベラルアーツ〟です。さまざまな臆見も錯綜しています。今回の出版を機にその実像が陽光の下に明らかになるよう、微力ながら貢献できることを願っております。1人でも多くの読者の皆様の共感を得られれば望外の喜びでもあります。

中村聡一

2021年3月

【著者紹介】
中村聡一（なかむら　そういち）
米国コロンビア大学の学部課程を優等の成績で卒業する。その後、同大学のグローバル政策大学院でファイナンスを専攻。国際畑でビジネス系のキャリアを積む。現在は、甲南大学で、リベラルアーツの研究と教育にあたっている。著書に『企業買収の焦点』等がある。

教養としてのギリシャ・ローマ
名門コロンビア大学で学んだリベラルアーツの真髄

2021年5月27日　第1刷発行
2021年7月14日　第3刷発行

著　者——中村聡一
発行者——駒橋憲一
発行所——東洋経済新報社
〒103-8345　東京都中央区日本橋本石町 1-2-1
電話＝東洋経済コールセンター　03(6386)1040
https://toyokeizai.net/

装　丁…………橋爪朋世
ＤＴＰ…………朝日メディアインターナショナル
印　刷…………東港出版印刷
製　本…………積信堂
編集協力………島田栄昭／パプリカ商店
編集担当………岡田光司
　ISBN 978-4-492-06217-3